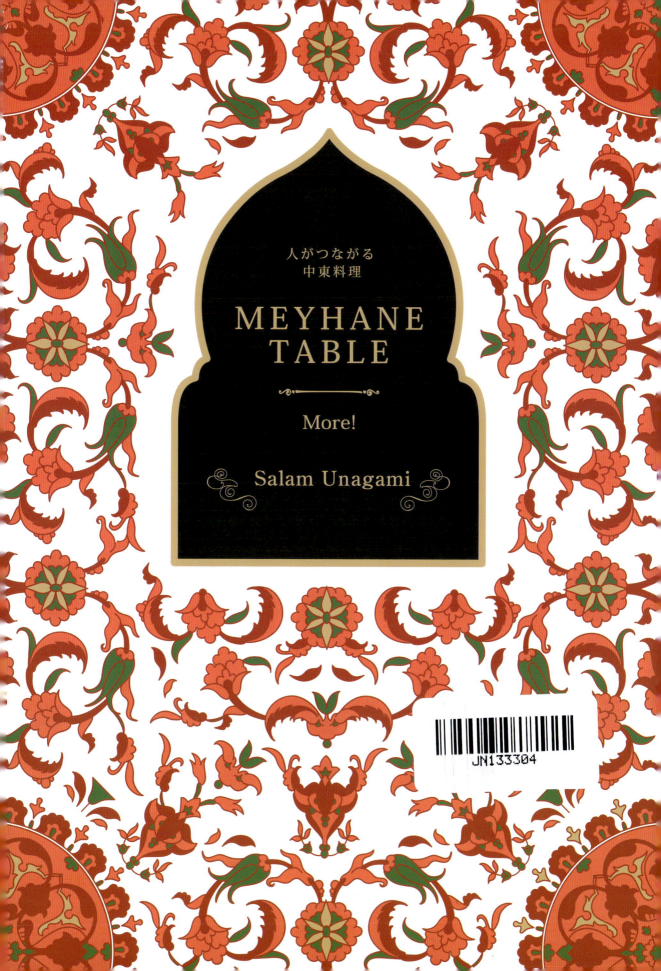

はじめに

　この本は僕、ラジオDJ・音楽評論家で中東料理研究家のサラーム海上の2冊目のフルカラーレシピブックです。

　2016年5月に前作『MEYHANE TABLE 家メイハネで中東料理パーティー』を刊行してから、僕は以前にも増してトルコ、イスラエル、モロッコなど中東諸国を頻繁に訪れるようになりました。そして、本職の音楽取材に加えて、料理取材の機会も激増しました。現地で本を見せると、日本人が中東料理に興味を持ち、本まで出していることに感心され、次々と協力者が現れたんです。

　この本に掲載したレシピの多くは、そうして知り合った新たな友人や古くからの友人、その奥さまや母親、そして、さらに人気レストランのシェフから直接習ったものです。友人の母親がそのまた母親から受け継いだ家庭料理もあれば、目新しい食材や世界のほかの地域の料理を取り入れたフュージョン料理もあります。

　帰国してからは日本各地のレストランやカフェのオーナー、そして中東料理好きの方々から連絡を受け、僕が中東料理を作ってふるまう「出張メイハネ」を開催してきました。お店のシェフや友人たちと料理を何度も作るうち、中東で習ったレシピを日本の食材や調理器具に適した形に調整することができました。「出張メイハネ」はこれまでに東京を中心に、高崎、福島、つくば、岡崎、静岡、名古屋、大阪、神戸、岡山、広島、徳島、福岡、那覇まで広がりました。

　日本各地で作った料理の写真をInstagramやFacebookなどSNSに投稿すると、その料理の作り方を教えてくれた中東の友人たちが即座に「いいね！」を押してくれます。

　僕の2冊目のレシピブックは『MEYHANE TABLE More!　人がつながる中東料理』と名づけました。「More!」には「もっともっとメイハネテーブルを！」または「メイハネテーブルお代わり！」の意味です。そして、これを読んでくれた人、出張メイハネに来てくれた人はもうおわかりでしょう！　「人がつながる中東料理」なんです！

　Let's start the MEYHANE TABLE More!

サラーム海上

contents

はじめに……03

PART1　メゼがなければ始まらない！

イスラエルで学んだ進化系ホモス　ホモスクレイジー

　　サラーム海上流　ホモスの極意………10
　　マサバハ………8, 14
　　ベジタリアンミールホモス………12, 14
　　タコのホモス………12, 14
　　干しぶどうとナッツのせホモス………13, 15
　　肉のせホモス………13, 15

　　イスラエルのコールスロー………16
　　スズキのドライトマト詰め………18
　　焼きパプリカのマリネ………20
　　タヒーニサラダ………21

人気急上昇中　ビーツマジック

　　サラーム海上流　ビーツマジックの秘訣………24
　　ビーツとパールクスクスのサラダ………22, 25
　　ローストビーツとガーリックタヒーニヨーグルトのファッテー………26
　　ビーツのカルパッチョ………28

　　鯛のセビーチェ　中東風………30
　　ズッキーニのモロッコペースト………31
　　ハムシ・クシュ（イワシのくるみ詰め焼き）………32
　　クスール………34
　　タコのサラダ………35
　　バターナッツかぼちゃのグリル　2種のソース………36
　　アトム………38, 40
　　アジュル・エズメ………38, 40
　　冷製キャベツのサルマ………39, 41

季節の野菜でメゼを味わう

　　ミニトマトとルッコラ、くるみのサラダ………43
　　チェリーと香菜のサラダ………43
　　菊芋とアーモンドのペースト………44
　　芽キャベツのオリーブオイルマリネ………45

PART2　アウトドアでも楽しもう

　　鶏肉のシシケバブ　牛肉のシシケバブ………48
　　黒オリーブのペースト………50
　　塩レモンのペースト………50
　　水きりヨーグルトとざくろのソース………50
　　ドライトマトとくるみのペースト………50
　　香菜と青唐辛子のペースト………50

ウズガラ・ピルゾラ（ラムチョップグリル）………52
　　サラダ・メシュイヤ（焼きパプリカとツナのサラダ）………54
　　焼きハルーミチーズ　ケキッキとはちみつレモン………54
　　エルサレム・ミックスサンドイッチ（ハツとレバーのスパイス炒めサンド）………56
　　アスパラガスのグリル、ザータルとアーモンド味………58
　　焼きなすサラダ　タヒーニソース………59
　　ドライフルーツとヨーグルトのデザート………60

PART3　招かれなければ食べられない味　中東の家庭料理
　　かぼちゃ、にんじん、さつまいものスープ　ザータル風味………66
　　エゾゲリン・チョルバス（レンズ豆とトマトのスープ）………67
　　マフトゥール（鶏肉とパールクスクスの炊き込みご飯風）………68
　　キャーウタ・バルック（鯛の紙包み焼き　ラク風味）………70
　　バルック・ココレッチ（魚介のスパイス焼き）………71
　　カルヌヤルク（揚げなすの肉詰め煮込み）………72

トルコの南へ　地中海のレジェップ父さん
　　スクマとバトゥルック（ピーナッツ入りブルグル団子と冷製スープ）………75
　　パテメン（フライドポテト入りメネメン）………76
　　アンテップ・ケバブ（牛肉と野菜、米の重ね蒸し）………78

イスラエルのモダン料理　ヤルデンの食卓
　　チョプト・レバー………81
　　シニヤ（焼きなすと肉の重ね焼き）………82

エーゲ海料理のルーツを求めて　ギリシャのマリア
　　タコのスティファド　バルサミコ＆ハニー………85
　　ズッキーニと白チーズのピッタ………86

日本で作るトルコの味　ユスラさんの家庭料理
　　自家製白チーズ………89
　　イチリ・キョフテ（ひき肉とブルグルの揚げ団子）………90
　　マンタル・タウック・ソテ（鶏ときのこの蒸し炒め）………92
　　エト・カヴルマ（羊肉の蒸し焼き）………93

コラム
　　サラーム海上　最新中東音楽プレイリスト………62
　　中東料理の味を決める食材………94

［食材・スパイスについて］
● スパイスが全部そろえられなければ、いくつか省いてもかまいません。
● イタリアンパセリをよく使いますが、ふつうのパセリでも同様に作れます。
● EXVオリーブオイルがおすすめですが、好みのものでかまいません。
［レシピ表記について］
● 計量単位は、1カップ＝200㎖、大さじ1＝15㎖、小さじ1＝5㎖です。
［オーブン調理について］
● オーブンは必ず予熱をしてください。機種によって焼き上がりに差が出る場合があります。レシピの焼き時間は目安と考えて、様子を見ながら加熱してください。

PART1

メゼがなければ始まらない!

メゼはトルコ語やアラビア語で「前菜」のこと。
ひよこ豆のペースト、ホモスや、色鮮やかなビーツのサラダをはじめ、
冷たいメゼ、温かいメゼと種類も豊富でカラフルなのも魅力。
酒の肴にもぴったりで作りやすいメニューも多いから、まずはここから始めよう。

イスラエルで学んだ進化系ホモス
ホモスクレイジー

ホモスはアラビア語でひよこ豆の意味。転じて中東全域で、ひよこ豆とタヒーニのペーストを指す。レバノンやイスラエルにはトッピングなどを変えたバリエーションが多く存在する。「ホモスクレイジー」とは、イスラエル人のホモスに対する過剰な愛情を揶揄していう言葉。僕はイスラエルを訪れるたびにホモスを食べ歩き、味のリサーチを続けてきた。そして、出張メイハネで日本全国をまわり、のべ1000人分以上、100kg以上のホモスを作ってきた。そんな僕も十分に「ホモスクレイジー」だろう。

ちなみに、名前はホモスか？ フムスか？ ホンモスか？ どれも正しいよ。アラビア語や英語、トルコ語をカタカナに統一表記するのは難しいからね。

マサバハ

トロトロになるまでじっくり煮込んだクミン風味のひよこ豆やゆで卵をトッピングした、ホモスの高級バージョン。

→作り方は p.14 へ

サラーム海上流
ホモスの極意

- ひよこ豆は、乾燥の豆からゆでると断然おいしい。指でつぶせるくらいまでしっかりゆでよう!
- 薄皮をむくのは面倒だけど、コレをやると口当たりがよくなる!
- ひよこ豆とタヒーニは3:1くらい。タヒーニ好きなら2:1でもいいね。
- ホイップクリームのような仕上がりを目指そう。
- 盛りつけはチャーミングに! スプーンで中央にくぼみを作り、ふちにホモスを盛り上げよう。

基本のホモス

— INGREDIENT
（できあがり約400g）

ひよこ豆（乾燥）…100g

A
- にんにく…1かけ
- にんじん…1本
- 玉ねぎ…1/2個
- セロリ…1/4本
- 塩…小さじ1

B
- にんにく（すりおろし）…1〜2かけ分
- レモン汁…40㎖
- タヒーニ（p.95参照）…70g
- 塩…小さじ1/4

— RECIPE

1. ひよこ豆はかるく水で洗って汚れを落とす。ボウルなどにたっぷりの水とともに入れて半日以上おいてもどす。

2. 豆と水を鍋に移し、Aを加えて火にかける。沸騰したらふたをして弱火にし、ときどきアクを取り、水を適宜足しながら90分ほど、豆が指で簡単につぶせるくらいやわらかくなるまでゆでる。

3. 野菜は取り出し、豆はそのまま冷まし、粗熱がとれたら薄皮をむく。

4. フードプロセッサーにBを入れ、少しずつ水を入れながら撹拌し、クリーム状にする。

5. ひよこ豆をトッピング用に15粒ほど取り分けてフードプロセッサーに加えて撹拌し、かたければ、水を少しずつ加えながらなめらかなホイップクリーム状になるまでじっくり撹拌する。

1 豆をもどす Before / After

4 タヒーニペーストを作る

ベジタリアンミールホモス

野菜をのせたホモス。温めてベジタリアンやヴィーガンのメインディッシュにもできる。

タコのホモス

ゆでダコとホモスは相性バッチリ。中東では、タコはやわらかくなるまで煮たものが好まれる。

干しぶどうとナッツのせホモス

干しぶどうの凝縮感とナッツの食感、香りがいい。
レモン汁とタヒーニを少なめにホモスを作ると、
干しぶどうの甘さがより引き立つ。

肉のせホモス

焼いたラムとホモスの組み合わせは満腹必至！
薄切り肉の代わりに、ひき肉と松の実にしても
おいしい。

→作り方は p.14〜15 へ

Hummus Masabacha　イスラエル
マサババ

―― INGREDIENT（作りやすい分量）

基本のホモス（p.10参照）…400g
ゆでひよこ豆…50g
※P.10「基本のホモス」作り方1～3参照。
水…1/2カップ
A ┌ レモン汁…小さじ1
　├ 塩…少々
　└ クミンパウダー…少々
ゆで卵…1個
イタリアンパセリ（みじん切り）…適量
EXVオリーブオイル…大さじ2

―― RECIPE

1　ひよこ豆は分量の水とともに小さな鍋に入れ、ときどき水を足しながらひよこ豆がくずれるまで20～30分ほど煮る。**A**を加えて混ぜ、火を止める。冷ましてからイタリアンパセリ小さじ2を混ぜる。

2　ゆで卵は殻をむいて幅5mmの輪切りにする。

3　器にホモスを盛って中央にくぼみを作る。くぼみにゆで卵と**1**を入れ、まわりにオリーブオイルを回しかけ、イタリアンパセリ少々を散らす。

Vege-Meal Hummus　イスラエル
ベジタリアンミールホモス

―― INGREDIENT（作りやすい分量）

基本のホモス（p.10参照）…400g
赤玉ねぎ（5mm角に切る）…1/2個
トマト（5mm角に切る）…中1個
塩…少々
EXVオリーブオイル…適量

―― RECIPE

1　赤玉ねぎは水にさらし、ざるに上げて水けをしっかりきる。トマトはボウルに入れて塩をふる。

2　器にホモスを盛って中央にくぼみを作る。くぼみに**1**を入れ、まわりにオリーブオイルを回しかける。

Octo-Hummus　イスラエル / UK
タコのホモス

―― INGREDIENT（作りやすい分量）

基本のホモス（p.10参照）…400g
ゆでダコの足（または蒸しダコ）…1本（150g）
A ┌ レモン（国産／ざく切り）…1/4個分
　├ 玉ねぎ（ざく切り）…1/4個分
　├ セロリ（ざく切り）…1/4本分
　├ にんにく（ざく切り）…1かけ分
　├ 黒粒こしょう…大さじ1
　├ ローリエ…1枚
　├ 塩…小さじ1/2
　├ 水…2カップ
　└ 白ワイン…1カップ
EXVオリーブオイル…適量
イタリアンパセリ（みじん切り）…少々

―― RECIPE

1　**A**を鍋に入れ、タコを加える。ふたをして弱火にかける。タコと野菜から水分が出てくるので、そのまま2時間ほど、タコがやわらかくなるまで煮る（焦げそうなら水を適宜足す）。

2　器にホモスを盛って中央にくぼみを作る。くぼみにたこを入れ、まわりにEXVオリーブオイルを回しかけ、イタリアンパセリを散らす。

※タコをゆでるのは圧力鍋を使ってもよい（説明書に従って）。

Kuru üzüm ve Badem Humus　トルコ
干しぶどうとナッツのせホモス

—— INGREDIENT（作りやすい分量）

基本のホモス（p.10参照）…400g
※レモン汁とタヒーニを半量にするとよりおいしい。
干しぶどう…50g
アーモンド…20g
松の実…20g
EXVオリーブオイル…1/2カップ
シナモンパウダー…少々
パプリカパウダー…小さじ1/2
ピタパン…1枚

—— RECIPE

1　フライパンにオリーブオイル1/4カップを熱し、8等分に切ったピタパンを入れ、表面がきつね色になるまでカリカリに揚げ、油をきって冷ます。

2　フライパンを拭いて残りのオリーブオイルを中火で熱し、アーモンドと松の実を加えて炒め、かるく色づいたら、干しぶどうを加える。干しぶどうがふくれてきたら、火を止めて、シナモンパウダーとパプリカパウダーをふる。

3　器にホモスを盛って中央にくぼみを作る。まわりにピタパンをさし、くぼみに2を入れる。

Hummus with Lamb　イスラエル
肉のせホモス

—— INGREDIENT（作りやすい分量）

基本のホモス（p.10参照）…400g
ラム薄切り肉…100g
EXVオリーブオイル…適量
にんにく…3かけ
塩…小さじ1/2
パプリカパウダー…適量

—— RECIPE

1　フライパンにオリーブオイル大さじ1、にんにくを入れて弱火にかけ、にんにくがやわらかくなるまで焼く。

2　ラム肉を食べやすい大きさに切って加え、カリカリになるまでじっくり焼いて火を止め、塩、パプリカパウダー小さじ1/2を加える。

3　器にホモスを盛って中央にくぼみを作る。くぼみに2を入れ、まわりにEXVオリーブオイル適量を回しかけ、パプリカパウダー少々をふる。

イスラエルで出会ったホモス

ホモスはシンプルな調理方法だが、クリーミーさ、タヒーニやレモン汁の割合など、作る人によって味は全く違ってくる。「あの店のホモスはおいしい」「あっちの店のほうがうまい」と皆語り出すと止まらない。奥深い料理なのだ。

写真提供／サラーム海上

Coleslaw イスラエル
イスラエルのコールスロー

国民の10％近くがベジタリアンといわれる国イスラエル。エルサレムで以前泊まった五つ星ホテルでは朝食に100種類近くのサラダが並んでいたほど。酸っぱいコールスローとフルーツの組み合わせがおいしい！　ざくろの実を散らして華やかに。

―― INGREDIENT（4人分）

キャベツ…1/4個（200g）
ピーマン…1個
塩…小さじ1/2
A ┃ レモン汁…大さじ1
　┃ 白ワインビネガー…大さじ1
　┃ マヨネーズ…大さじ2
　┃ プレーンヨーグルト…1/2カップ
　┃ スマック（p.95参照）…小さじ1
　┃ こしょう…少々
ざくろの実（またはもどしたドライクランベリー）
　　…適量
ディル（みじん切り）…3枝分

―― RECIPE

1 キャベツ、ピーマンはせん切りにし、塩をふってよく混ぜ、15分おく。

2 キャベツとピーマンの水けをしっかり絞り、Aを加えてよく混ぜ合わせ、冷蔵庫で冷やす。

3 器に盛り、ざくろの実、ディルを散らす。

Kuru Domatesli Balık Dolması　トルコ

スズキのドライトマト詰め

イスタンブルのアジア側の町カドゥキョイで行きつけのエーゲ海料理メイハネ「Cibalikapı」の料理をアレンジしたもの。この店は旬の食材を使ったメゼが毎晩20種類以上も用意され、何度行っても味の発見があるのだ。

---- INGREDIENT（4人分）

- スズキの切り身（またはカジキマグロ、ブリ）
  …2切れ
- ドライトマト…12枚
- ディル…3枝
- 細ねぎ…2本
- 白ワインビネガー…大さじ1
- バター…大さじ1
- カレー粉…小さじ1/2
- 塩、こしょう…各少々
- ざくろの実（あれば）…適量
- ざくろ濃縮果汁（p.95参照）…大さじ2

---- RECIPE

1　鍋に水1カップを入れて火にかけ、沸騰したら火を止めてワインビネガーを注ぎ、ドライトマトを10分ほど浸す。ざるに上げて水けをきる。ディル、細ねぎはみじん切りにする。

2　フライパンにバターを溶かしてスズキを入れ、フォークでくずしながら炒め、皮や骨は取り除く。ディル、細ねぎを加え、カレー粉、塩、こしょうで味つけする。火を止めてそのまま冷ます。

3　ドライトマトは水けを拭き、舟形にするイメージで爪楊枝をさし、2を詰める。器に並べ、ざくろの実を散らし、ざくろ濃縮果汁をかける。

Pilpelim Kluim　イスラエル
焼きパプリカのマリネ

オーブンでじっくり焼いて皮をむいたパプリカは、生とは異なるトロトロの食感。チーズやサラダに添えてもおいしい。

―― INGREDIENT（2人分）

パプリカ（赤）…大2個
A ┤ にんにく（すりおろし）…1かけ分
　　白ワインビネガー…小さじ2
　　EXVオリーブオイル…1/4カップ
塩…少々
粗挽き黒こしょう…少々
イタリアンパセリ（みじん切り）…少々

―― RECIPE

1　天板にオーブン用シートを敷いてパプリカをのせ、200℃に予熱したオーブンで20〜25分焼く。全体に焦げ目がついたら取り出し、紙袋などに入れて口をとじ、20分ほど蒸らす。

2　パプリカの皮をむいてへたと種を取り除き、食べやすい大きさに裂く。

3　ボウルにAを入れてよく混ぜ合わせ、塩、黒こしょうで味をととのえる。パプリカを加えてからめ、冷蔵庫で冷やす。

4　器に盛り、イタリアンパセリを散らす。

Tahini Salad　イスラエル

タヒーニサラダ

「タヒーニは、サラダ、焼きなす、焼き魚、何にかけてもうまい！」とはイスラエルの料理研究家ラフラムの言葉。いつもの野菜サラダにもたっぷりタヒーニソースをかけよう！　焼き肉、焼き魚のつけ合わせにも合う。

INGREDIENT（2～3人分）

トマト（完熟）…1個（200g）
きゅうり…1本
赤玉ねぎ…1/2個
青唐辛子…2本
イタリアンパセリ…1パック
にんにく（すりおろし）…1/2かけ分
● タヒーニソース
　タヒーニ（p.95参照）…1/2カップ
　水…1/4カップ
　レモン汁…大さじ1
　塩…少々
EXVオリーブオイル…少々

RECIPE

1　トマト、きゅうり、赤玉ねぎは5mm角に切り、青唐辛子、イタリアンパセリは細かく刻んでボウルに入れる。にんにくを加えて混ぜる。

2　別のボウルにタヒーニとレモン汁、分量の水を混ぜ合わせ、塩で味をととのえてタヒーニソースを作る。

3　器に1を盛ってオリーブオイルをふり、タヒーニソースをかけて混ぜて食べる。

※現地のケバブ店では、まな板にすべての材料をのせ、ナタのような大きな包丁を両手で持って細かく刻んでから、たっぷりのタヒーニとレモン汁であえて作られている。

人気急上昇中
ビーツマジック

「食べる血液」と呼ばれ、栄養価の高さからも注目されているビーツ。中東では日本の大根やかぶのように、ごく一般的な野菜だ。鮮やかなマゼンタ色（赤紫色）のビーツを使った料理が一品あるだけで食卓が華やかになるさまは、まさにビーツマジック！　水煮缶ではなく、ぜひ生のものを使おう。

ビーツとパールクスクスのサラダ

パールクスクスはイスラエルやレバノンでよく食べられている大粒のクスクス。ビーツと混ぜ合わせると、ビーツの鮮やかな色に染まる！　緑の葉野菜との華やかな組み合わせを楽しもう！

→作り方は p.25 へ

サラーム海上流
ビーツマジックの秘訣

❦ おいしいビーツを選ぼう

ビーツは鮮度が大切。根や茎が色鮮やかに輝いていて、張りのあるものを選ぼう。こういうものは生でかじっても甘い。表面がふやけて赤黒くなっているものは鮮度が落ちぎみ。サイズも、大きすぎると大味で泥臭いことがあるので避けたい。1個250〜300gのものが理想的だ。

❦ ビーツはオーブン焼きがおすすめ

ビーツは火を通してから使う。まるごとゆでてもよいが、オーブンで焼いたほうが味が凝縮される。品種や季節、作り手によって甘みが大きく異なるので、甘さが足りないと思ったら三温糖などの砂糖を足すとよい。

● ローストビーツの作り方

ビーツ（1個300gくらいのもの）をアルミホイルで包み、200℃に予熱したオーブンで1時間〜1時間20分ほど焼く。竹串や金串でさしてみてスーッと通るくらいやわらかくなっていれば焼き上がり。粗熱がとれたら、へたや根を切り落として皮をむき、料理に合わせた大きさに切って使う。

> **余ったローストビーツはピクルスに**
>
> ローストビーツが余ったらピクルス液（りんごビネガー、水各1/2カップ、塩、白粒こしょう各小さじ2、ローリエ2枚）に漬けてピクルスにしよう。冷蔵庫で1カ月以上は保存できる。りんごビネガーを使うとフルーティーに仕上がる。

Beetroots & Pearl Couscous Salad　イスラエル
❦ ビーツとパールクスクスのサラダ

—— INGREDIENT（4人分）

- ローストビーツ（上記参照）…小1個分（200g）
- パールクスクス（p.95参照）…80g
- **A**
  - レモン汁…大さじ2
  - 塩…小さじ1/2
  - 砂糖…小さじ1
  - こしょう…少々
  - EXVオリーブオイル…大さじ2
- アーモンド…30g
- ディル（ざく切り）…適量
- ベビーリーフ…1袋

—— RECIPE

1. ローストビーツを厚さ2mmの食べやすい大きさに切る。ボウルに**A**をよく混ぜ合わせ、ビーツを加えてあえる。

2. 鍋に湯を沸かし、塩ひとつまみ（分量外）を入れてパールクスクスを加え、15分ゆでる。ざるに上げて水けをきり、熱いうちに**1**のボウルに加え、赤紫色になるまでよく混ぜる。粗熱がとれたら冷蔵庫で冷やす。

3. 器の中央をあけてベビーリーフを敷き、**2**を盛る。半分に切ったアーモンドとディルを散らす。

Beetroots & Garlic Tahini Yoghurt Fatteh　レバノン / UK

ローストビーツとガーリックタヒーニヨーグルトのファッテー

ファッテーは、砕いたピタパンの上に野菜や豆、さらにヨーグルトのソースをかけたレイヤー式のレバノン料理。その現代版は、カリカリに焼いたピタパンでクリーム色のガーリックタヒーニヨーグルトをすくうと、下からマゼンタ色のビーツのペーストが顔を出す！　さらに、甘くキャラメリゼしたくるみとしょっぱい塩レモンの皮のコントラストもたまらない！

—— INGREDIENT（2～3人分）

ローストビーツ（p.25参照）…1/2個分（150g）
ピタパン（上下2枚にはがし、よく乾かす）
　…1/2枚
●ガーリックタヒーニヨーグルト
　プレーンヨーグルト…300g
　にんにく（すりおろし）…1/2～1かけ分
　タヒーニ…大さじ2
　塩…少々
EXVオリーブオイル…適量
A　プレーンヨーグルト…大さじ2
　　バルサミコビネガー…小さじ2
　　塩…少々
くるみ…30g
三温糖…大さじ2
塩レモンの皮（下記塩レモンの作り方参照）
　…1/4個
ゆでひよこ豆…10粒
※p.10「基本のホモス」作り方1～3参照。

—— RECIPE

1　ガーリックタヒーニヨーグルトを作る。ヨーグルトは、ペーパータオルを敷いたざるに入れて冷蔵庫に半日おき、水けをきる。残りの材料を混ぜ合わせる。

2　ピタパンは幅1cm、長さ2cmに切り分ける。小さめのフライパンにオリーブオイルを1/4カップ熱し、ピタパンをきつね色になるまで揚げる。ペーパータオルにのせて、余分な油をきる。

3　ローストビーツはざく切りにし、フードプロセッサーに入れる。Aを加えて攪拌し、ペースト状にする（粗い粒が残る程度でよい）。

4　小さなフライパンに三温糖を入れて弱めの中火にかけ、茶色くなって泡立ってきたらくるみを加え、火を止めてからめる。塩レモンの皮は水洗いし、塩を洗い流して水けをきり、1cm角に切る。

5　器の1/3ほどの深さまで3を入れ（a）、ガーリックタヒーニヨーグルトをのせる。揚げたピタパンをさし（b）、塩レモンの皮、ひよこ豆、くるみをのせてオリーブオイル大さじ1をかける。混ぜながら食べる。

塩レモンの作り方

—— INGREDIENT（作りやすい分量）

レモン（国産／無農薬）…6個
粗塩…300g
水…1/2カップ

—— RECIPE

レモンはよく洗って縦に4カ所切り込みを入れる。粗塩をまぶして切り込みにも入れ、煮沸消毒した清潔な保存容器に入れる。残りの塩と分量の水を加えてふたをする。夏なら1カ月くらいでできあがり。取り出すときは清潔なスプーンなどを使って。

a

b

Beetroots Carpaccio　イスラエル
ビーツのカルパッチョ

カルパッチョといえば牛肉や生魚を使うが、イスラエルではベジタリアン仕様も人気。ローストビーツの断面はツヤツヤして透明感があり、どこか日本の羊羹(ようかん)のようにも見えてくる。シンプルだが華やか！

INGREDIENT（4人分）

ローストビーツ（p.25参照）…1個分（300g）
● にんにくドレッシング
　レモン汁…1/2個分
　にんにく（すりおろし）…1/2かけ分
　EXVオリーブオイル…大さじ2
　塩…少々
　黒こしょう…少々
くるみ…50g
ハードタイプのチーズ（コンテなど）…50g
香菜(シャンツァイ)（ざく切り）…適量

RECIPE

1. くるみはフライパンでから炒りし、粗く刻む。チーズもくるみと同じくらいの大きさに切る。ローストビーツはできるだけ薄くスライスする。

2. ボウルににんにくドレッシングの材料を入れてよく混ぜ合わる。

3. ビーツを平皿に美しく並べ、ドレッシングをたっぷりかけ、ラップをかけて冷蔵庫で冷やす。食べるときにくるみ、チーズ、香菜を散らす。

ビーツに魅せられて

中東はカラフルな野菜や果物を使った料理が多いが、なかでもビーツはマゼンタ色でインパクトがあり、僕の大好きな食材だ。旅先でもたくさんのビーツ料理に出合った。

ギリシャのサントリーニ島で食べた前菜。ビーツときゅうりとヨーグルトあえ

エルサレムで半世紀以上続く老舗のクルド〜イラク系料理店「Azura」で食べた肉団子入りのビーツのスープ

これもエルサレムの「Satya」で食べたローストビーツのカルパッチョ

Kısır トルコ

クスール

食物繊維が多く、健康食材としても注目されているブルグル(ひき割り小麦)を蒸らし、トマトペーストと夏野菜、レモン汁などで味つけした、ヘルシーでいて腹持ちのよいサラダ感覚のピラフ。

—— INGREDIENT(4人分)

ブルグル(細挽き／またはクスクス)…1カップ
玉ねぎ…1/2個
トマト…2個
ピーマン…1個
細ねぎ…2本
にんにく…1かけ
イタリアンパセリ…2枝
水…1カップ
塩…少々
EXVオリーブオイル…大さじ1
トマトペースト…大さじ2
A ┃ 塩、黒こしょう…各少々
　┃ 一味唐辛子…少々
　┃ レモン汁…大さじ2
　┃ EXVオリーブオイル…大さじ1
ざくろの実(あれば)…適量

—— RECIPE

1 小鍋に分量の水を入れて煮立たせ、ブルグル、塩を加えてかるく混ぜてふたをし、火を止めてそのまま蒸らす。

2 玉ねぎ、にんにく、イタリアンパセリはみじん切りにする。トマト、ピーマンは5mm角に切る。細ねぎは小口切りにする。

3 別の鍋にオリーブオイルを中火で熱し、にんにく、玉ねぎを炒め、トマトの半量とトマトペーストを加え、混ぜながら2〜3分炒める。

4 火を止め、1を加えてよく混ぜ合わせる。粗熱がとれたらAを加えて混ぜ、器に盛る。残りのトマト、ピーマン、細ねぎ、イタリアンパセリ、ざくろの実を散らす。

Ahtapot Salatası　トルコ
タコのサラダ

イスタンブル、エーゲ海や地中海の町でもメイハネで定番の冷たいメゼ。タコのホモス(p.14)と同じく、タコはやわらかく煮たものを用いる。

―― INGREDIENT（2～3人分）

ゆでダコの足…1本(150g)
※p.14「タコのホモス」作り方1のタコを使用。
赤玉ねぎ…1/2個
パプリカ（赤）…1/2個
マッシュルーム…中6個
ディル…1パック
EXVオリーブオイル…大さじ1

A
- EXVオリーブオイル…大さじ2
- 白ワインビネガー…大さじ1
- レモン汁…小さじ1
- 塩、こしょう…各少々

―― RECIPE

1　タコは、幅2～3cmに切る。赤玉ねぎ、パプリカは1cm角に切る。マッシュルームは4つに切る。ディルは細かく刻む。

2　フライパンにオリーブオイルを中火で熱し、赤玉ねぎ、パプリカを加えて炒める。マッシュルームを加えて炒め合わせ、マッシュルームに油が回ったら、火を止め、タコ、ディルを加えて混ぜ合わせ、Aを加える。

3　冷蔵庫で冷やしてから器に盛る。

Dalorit Afuya　イスラエル

バターナッツかぼちゃのグリル 2種のソース

シナモンをふって焼いたかぼちゃを、水きりヨーグルトと香菜(シャンツァイ)、2種類のソースで食べる。ホクホクな食感の日本のかぼちゃも悪くないが、クリーミーで濃厚な味わいのバターナッツかぼちゃがよく合う。中東の市場では直径40〜50cm以上の巨大なかぼちゃをノコギリで切り分けている風景をよく目にする。

―― INGREDIENT（2〜3人分）

バターナッツかぼちゃ…1個(600〜700g)
A [
シナモンパウダー…小さじ1
EXVオリーブオイル…大さじ2
塩…小さじ1/2
黒こしょう…小さじ1
]
● ヨーグルトソース
[
プレーンヨーグルト…400g
塩…小さじ1/2
]
● 香菜ソース
[
香菜(根を取ってざく切り)…4株分(30g)
にんにく…1/2かけ
EXVオリーブオイル…1/2カップ
白ワインビネガー…小さじ1
塩…少々
]
ピスタチオ(または好みのナッツ)…大さじ2

―― RECIPE

1　ヨーグルトソースのヨーグルトは、ペーパータオルを敷いたざるに入れて冷蔵庫に半日おき、水けをきる。

2　かぼちゃは半分に切って、わたと種を取り、長さ7〜10cm、幅1.5cmくらいに切る。ボウルに**A**を入れて混ぜ合わせ、かぼちゃを加えて全体によくからめる。天板にかぼちゃを並べて、200℃に予熱したオーブンで30分焼く。

3　ソース2種を作る。ヨーグルトソースは**1**と塩を混ぜ合わせる。香菜ソースは、材料をフードプロセッサーに入れ、ペースト状になるまで攪拌する。

4　かぼちゃが焼けたら器に盛って冷ます。ピスタチオはフライパンでから炒りして殻を取り、粗く砕く。かぼちゃにヨーグルトソース、香菜ソースを彩りよくかけ、ピスタチオを散らす。

アトム

アジュル・エズメ

冷製キャベツのサルマ

Atom トルコ
アトム

レジェップ父さん(p.74参照)が毎晩作っていた呑んべえのためのメゼ。この物騒な名前は小粒で辛い赤唐辛子を原子力にたとえて名づけたのだとか。スライスしたバゲットなどですくって食べるとよい。

—— INGREDIENT（作りやすい分量）

プレーンヨーグルト…400g
にんにく（すりおろし）…1/2かけ分
塩…小さじ1/2
赤唐辛子…6本（好みで量は加減して）
EXVオリーブオイル…大さじ2
プルビベール(p.95参照)…小さじ1

—— RECIPE

1 ヨーグルトはペーパータオルを敷いたざるに入れて冷蔵庫に半日おき、水けをきる。

2 水けをきったヨーグルトににんにく、塩を加えて混ぜ、器に盛って中央をくぼませる。

3 赤唐辛子はへたと種を取って小口切りにし、オリーブオイルとともに小さなフライパンに入れて弱火にかける。焦がさないようにじっくり赤唐辛子を揚げ、オイルに香りや赤い色が移ったら、プルビベールを加えて火を止め、熱いうちに 2 にジャッとかける。

Acılı Ezme トルコ
アジュル・エズメ （トマトとピーマンのペースト）

トルコを代表する夏のメゼ。酸っぱくてフレッシュなサラダは夜の始まりに欠かせない。味の濃いミニトマトで作ろう。

—— INGREDIENT（2～3人分）

ミニトマト…400g
ピーマン…2個
青唐辛子…2本
イタリアンパセリ…1パック
A ┌ ドライミント…小さじ1/2
　├ スマック(p.95参照)…小さじ1
　├ プルビベール(p.95参照)…小さじ1/2
　├ レモン汁…1/2個分
　└ 塩…少々
EXVオリーブオイル…大さじ1
ざくろ濃縮果汁(p.95参照)…大さじ2

—— RECIPE

1 トマトは湯むきして横半分に切り、種を取って粗いみじん切りにする。ピーマン、青唐辛子もへたと種を取って粗みじん切りにする。イタリアンパセリはみじん切りにする。

2 ボウルに 1 と A を入れてよく混ぜ合わせる。器に盛り、オリーブオイルとざくろ濃縮液をかける。

Lahana Salması　トルコ
冷製キャベツのサルマ

トルコでは、詰めもの料理をドルマ、巻きもの料理をサルマと呼ぶ。中にひき肉と米を詰める場合は温菜に、肉を使わず、松の実などのナッツと米を詰めるものは冷菜にして食べる。キャベツのほか、塩漬けのぶどうの葉やケールでもおいしく作れる。できるだけ細く巻くのがポイント！

INGREDIENT（4人分）

キャベツの葉…12枚ほど
米…1カップ
玉ねぎ…1/2個
EXVオリーブオイル…大さじ1
松の実…40g

A
- カランツ…40g
- ディル（みじん切り）…1パック
- 塩…小さじ1/2
- シナモンパウダー…少々
- オールスパイス…少々
- 黒こしょう…少々

B
- キャベツのゆで汁（足りなければ水を足して）…2カップ
- レモン汁…大さじ2
- EXVオリーブオイル…1/4カップ

イタリアンパセリ（みじん切り）…適量
レモン（くし形切り）…1個分

a

RECIPE

1　米は洗ってざるに上げ、水けをきる。玉ねぎはみじん切りにする。

2　鍋に湯を沸かして塩ひとつまみ（分量外）を入れ、キャベツの葉を1枚ずつ入れ、30秒ほどゆでて取り出し、冷ます（ゆで汁はとっておく）。芯の太い部分を切り落とし、縦半分に切ってペーパータオルで水けをよく拭く。

3　フライパンにオリーブオイルを中火で熱し、玉ねぎを入れて透きとおるまで炒める。米、松の実を加え、全体に油が回るまで炒める。**A**を加えて混ぜ合わせ、火を止める。

4　キャベツの葉を広げ、手前1/3のところに3を大さじ山盛り1杯ほどのせ、手前から巻き、左右を内側に折り込みながら、直径2cm、幅5〜10cmくらいの葉巻型に巻いていく。同様にして、合計20個作る。

5　厚手の鍋（直径18cm）の底に残ったゆでキャベツを敷き、巻いたキャベツをきれいに並べる。**B**を加え、ふたをして中火にかける。煮立ったら弱火にして30分煮る。

6　火を止めて粗熱をとり、冷蔵庫で冷やす。器に盛ってイタリアンパセリを散らしてレモンを添え、食べるときにレモンを搾る。

※5で詰めものが余ったら、ピーマンなどに詰めて一緒に煮るとよい（a）。

季節の野菜でメゼを味わう

　中東の町を訪れるたびに必ず一度は野菜市場に足を向ける。野菜はビニール袋などに入れられることなく、店頭の棚にじかにガツンと存在感を放って陳列され、赤、緑、黄、紫、白、マゼンタ色、黄緑、オレンジ色に輝いているのだ。その多くはキロ単位の量り売り。日本では見たことのない野菜やハーブも多いし、きゅうりやかぼちゃのように巨大すぎて日本のものと同じ野菜とは思えないものも多い。何よりも季節が変わるごとに旬の野菜が入れ替わり、店頭の色、市場全体の色がガラっと変わるのが楽しい。「インスタ映え」は中東の野菜市場にこそふさわしい！ そして、旬の野菜を求める人々の熱い視線にも毎度のことながら驚かされる。旬の野菜や果物を使えば、季節ごとにいろいろな味が楽しめる。応用しやすい簡単なメゼをいくつか紹介しよう。

ざくろドレッシングでサラダが中東風の味に！

ざくろの濃縮果汁を使ったドレッシングを覚えると、それだけで身近な野菜や果物が中東風に仕上がる！

Gavurdağ Salatası　トルコ
ミニトマトとルッコラ、くるみのサラダ

酸味のあるざくろドレッシングとくるみの組み合わせは、暑夏で知られるトルコ南東部の郷土料理。

—— INGREDIENT（4人分）

ミニトマト…1パック
ルッコラ…1袋
くるみ…30g
●ざくろドレッシング
A ┌ ざくろ濃縮果汁（p.95参照）…大さじ1強
　├ EXVオリーブオイル…大さじ2
　├ 塩…小さじ1/2
　└ こしょう…適量

—— RECIPE

1　ミニトマトはへたを取り、縦半分に切る。ルッコラは茎を切り落として食べやすい大きさに切る。くるみはフライパンでから炒りし、粗く刻む。

2　器にミニトマトとルッコラを盛ってくるみを散らし、ざくろドレッシングの材料を混ぜてかける。

Cherry & Coriander Salad　イスラエル
チェリーと香菜のサラダ

トルコからイスラエルまで伝わるさくらんぼのサラダ。ざくろ濃縮果汁と赤唐辛子で大人の味になる。

—— INGREDIENT（2～3人分）

アメリカンチェリー…400g
くるみ…1/2カップ
香菜（シャンツァイ）…3本
赤唐辛子…2本
●ざくろドレッシング
A ┌ ざくろ濃縮果汁（p.95参照）…大さじ1強
　├ EXVオリーブオイル…大さじ2
　├ 塩…小さじ1/2
　└ こしょう…適量

—— RECIPE

1　アメリカンチェリーはストローの先などをさして種を抜く。くるみはフライパンでから炒りし、粗く刻む。香菜はざく切りにする。赤唐辛子はから炒りし、種を取ってみじん切りにする。

2　ボウルに1を入れ、ざくろドレッシングの材料を混ぜてあえる。器に盛って香菜を散らす。

※レモン汁大さじ1（分量外）を加えてもおいしい。

Jerusalem Artichoke & Almond Paste　イスラエル

菊芋とアーモンドのペースト

冬が旬の健康野菜、菊芋と炒ったアーモンドの意外すぎる組み合わせ。テルアビブの人気店「Ha Basta」で食べたメゼをアレンジした。

―― INGREDIENT（4人分）

菊芋…250g
アーモンド…120g
A ┃ レモン汁…大さじ1
　┃ にんにく…1かけ
　┃ 塩…小さじ1/2
　┃ こしょう…少々
EXV オリーブオイル…大さじ2
香菜（ざく切り）…2枝分

―― RECIPE

1　鍋にたっぷりの湯を沸かし、塩ひとつまみ（分量外）と菊芋を入れ、やわらかくなるまで12～15分ほどゆでる。ざるに上げて粗熱をとり（水につけてもよい）、皮をむく。

2　アーモンドはフライパンでから炒りし、2～3等分に切る。

3　フードプロセッサーに菊芋とアーモンド100g、Aを入れ、ペースト状になるまで攪拌する。水分が足りないようなら、水少々を足す。冷蔵庫でよく冷やす。

4　器に盛って中央にくぼみを作る。オリーブオイルを回しかける。残りのアーモンドと香菜を散らす。

Brüksel lahanası　トルコ
芽キャベツのオリーブオイルマリネ

イスタンブルの行きつけのメイハネ「Cibalikapi」の冬のメゼをアレンジしたもの。中東でも、しょうゆの独特のうまみは少しずつ知られてきた。

―― INGREDIENT（2〜3人分）

芽キャベツ…250g
A
- にんにく（すりおろし）…1〜2かけ分
- レモン汁…1個分
- 塩…小さじ1/2
- EXVオリーブオイル…大さじ3
- しょうゆ…小さじ1/2

パセリ（みじん切り）…少々

―― RECIPE

1　芽キャベツはなり口に十文字の切り込みを入れる。鍋にたっぷりの湯を沸かし、塩ひとつまみ（分量外）と芽キャベツを入れ、やわらかくなるまで5分ほどゆでる。

2　ボウルにAを混ぜ合わせる。芽キャベツがゆで上がったらざるに上げ、熱いうちに縦半分に切ってボウルに加え、よくあえる。粗熱がとれたら冷蔵庫で冷やす。器に盛り、パセリを散らす。

PART2

アウトドアでも楽しもう

シシケバブに骨つき肉のグリル、香り豊かなペースト類……。
中東料理は青空にもよく似合う！　いつもの焼き野菜も、
エキゾチックな香りのスパイスをきかせれば、ぐっとテンションが上がる。
みんなで中東BBQやピクニックを楽しもう！

Dana ve Tavuk Şiş Kebap　トルコ

鶏肉のシシケバブ 牛肉のシシケバブ

トルコ語でシシは串、ケバブは肉料理を指す。トルコではラム肉が最高とされるが、今回は牛肉と鶏肉を使ったシシケバブを作ろう。肉の間にパプリカや玉ねぎなどの野菜をさし挟み、つけ合せにフレッシュサラダをたっぷり添えれば、ぐっとヘルシーに仕上がる。炭火焼きが最高だが、魚焼きグリルでも手軽に作れるので週末のごちそうにも是非！

── INGREDIENT（4人分）

鶏もも肉…400g
A
- 玉ねぎ（すりおろし）…1/2個分
- にんにく（すりおろし）…1かけ分
- EXVオリーブオイル…大さじ1
- 塩…小さじ1

牛ステーキ用肉…400g
B
- プレーンヨーグルト…50g
- 玉ねぎ（すりおろし）…1/4個分
- トマト（すりおろし）…1/2個分
- 青唐辛子（粗みじん切り）…2本分
- にんにく（すりおろし）…1かけ分
- 塩…小さじ1
- ドライオレガノ…小さじ1
- EXVオリーブオイル…大さじ1

パプリカ（赤・黄）…各1個
赤玉ねぎ…1〜2個
プルビベール（p.95参照）…適量
ドライミント…適量

<つけ合せ>
●赤玉ねぎのスマックあえ
- 赤玉ねぎ…1/4個
- スマック（p.95参照）…適量
- イタリアンパセリ（ざく切り）…2枝分

── RECIPE

1　鶏肉は皮を除いて2cm角に切り、**A**をまぶして30分おく。牛肉も2cm角に切り、**B**をまぶして10分ほどおく。

2　パプリカ、赤玉ねぎは肉と同じくらいの大きさに切る。金串に、鶏肉と野菜、牛肉と野菜をそれぞれ交互にさし、炭火（または魚焼きグリル）で両面をしっかり焼いて火を通す。

3　つけ合わせの赤玉ねぎのスマックあえを作る。赤玉ねぎは薄切りにして水に少しさらし、水けをきる。ボウルに入れてスマックをまぶし、イタリアンパセリを加えてあえる。

4　2を皿に盛る。プルビベール、ドライミントをふり、3のつけ合わせを添えてともに食べる。
※レモン適量（分量外）を添えて、搾って食べてもおいしい。

塩レモンのペースト
香菜と青唐辛子のペースト
黒オリーブのペースト
水きりヨーグルトとざくろのソース
ドライトマトとくるみのペースト

アウトドア料理を盛り上げる 中東ペースト・ソース5種

使い方は自由自在！ 焼いた肉につけたり、パンにつけたり、焼き野菜にかけたりしてもおいしいし、サンドイッチのソースにもなる。好みのペーストをミックスするのもおすすめだ。

Zeytin Ezmesi トルコ
黒オリーブのペースト

フランス料理のタプナードからアンチョビを抜いた、ベジタリアン仕様。

INGREDIENT（作りやすい分量）

黒オリーブの実（種なし）…150g
にんにく（すりおろし）…1/2かけ分
レモン汁…大さじ2
EXVオリーブオイル…1/4カップ
ケキッキ（p.95参照）…小さじ1
黒こしょう…少々

RECIPE

材料をすべてフードプロセッサーに入れ、ペースト状になるまで撹拌する。

Mimrach Limonim Kvushim イスラエル
塩レモンのペースト

モロッコ料理でおなじみの塩レモンを応用したイスラエルのソース。

INGREDIENT（作りやすい分量）

塩レモン（p.27参照）…2個
EXVオリーブオイル…1/2カップ

RECIPE

塩レモンは水洗いし、ざく切りにして種を取り、水けをとってフードプロセッサーに入れる。オリーブオイルを加えて、ペースト状になるまで撹拌する。

Haydari ve Nar Ekşisi トルコ
水きりヨーグルトと
ざくろのソース

ざくろ濃縮果汁の代わりにバルサミコビネガーで使ってもよい

INGREDIENT（作りやすい分量）

プレーンヨーグルト…200g
塩…少々
にんにく（すりおろし）…1/2かけ分
ざくろ濃縮果汁（p.95参照）…大さじ1
EXVオリーブオイル…大さじ1

RECIPE

1 ヨーグルトはペーパータオルを敷いたざるに入れて、冷蔵庫に半日おいて水けをきる。
2 ボウルに1、塩、ニンニクを加えてよく混ぜる。器に盛って中央をくぼませ、ざくろ濃縮果汁とオリーブオイルをかける。

Acuka トルコ
ドライトマトとくるみのペースト

ジョージア起源でトルコにも伝わる辛いペースト。くるみが味の決め手。

INGREDIENT（作りやすい分量）

ドライトマト…3枚
パプリカ（赤）…1/2個
くるみ…30g
にんにく…1/2かけ
トマトペースト…40g
ざくろ濃縮果汁（p.95参照）…大さじ1
EXVオリーブオイル…大さじ2
クミンパウダー…小さじ1
ブルビベール（p.95参照）…小さじ1
パプリカパウダー…小さじ1
黒こしょう…小さじ1
塩…小さじ1/2

RECIPE

1 ドライトマトは水でもどし、水けをきる。パプリカはざく切りにする。
2 1と残りの材料をフードプロセッサーに入れ、ペースト状になるまで撹拌する。

Schug イスラエル
香菜と青唐辛子のペースト

イエメンとイスラエルの辛いソース。赤唐辛子版もあるが、今回は青唐辛子版。

INGREDIENT（作りやすい分量）

香菜（シャンツァイ）…6株（50g）
青唐辛子…4本
イタリアンパセリ…1枝
にんにく…1かけ
白ワインビネガー…1/4カップ
キャラウェイシード…小さじ1
EXVオリーブオイル…80㎖
塩…小さじ1/2

RECIPE

青唐辛子はへたと種を取ってフードプロセッサーに入れる。残りの材料を加えてペースト状になるまで撹拌する。

Izgara Pirzola トルコ
ウズガラ・ピルゾラ
（ラムチョップグリル）

トルコでは、マズイ焼肉に当たったことが一度もない。肉に対する愛情が僕たち日本人よりもはるかに強いのだろう。特にヨーグルトとにんにく、ケキッキでマリネしただけのラムチョップを表面が焦げるまで炭火で焼いたウズガラ・ピルゾラはどこで食べても最高だ！

INGREDIENT（2人分）

ラムチョップ…4本
トマト…1個
A
- EXVオリーブオイル…小さじ2
- にんにく（すりおろし）…1/2かけ分
- 塩…小さじ1/2
- ケキッキ(p.95参照)…小さじ1/2
- プルビベール(p.95参照)…小さじ1/2

万願寺唐辛子（またはしし唐辛子）…4〜6本
ざくろ濃縮果汁(p.95参照)…大さじ1
スマック(p.95参照)…少々
ドライミント…少々

RECIPE

1 トマトはくし形切りにする。ボウルに**A**を混ぜ合わせ、ラムチョップ、トマトを加えてからめ、30分おく。

2 ラムチョップの汁けをきり、炭火（またはグリル）で両面をこんがりと焼き、しっかり火を通す。万願寺唐辛子も一緒に焼く。フライパンで**1**のトマトをさっと炒める。

3 器に盛り、ラムチョップと焼いた野菜を盛り合わせる。ざくろ濃縮果汁、スマック、ドライミントをふる。

Salade Méchouia　チュニジア

サラダ・メシュイヤ（焼きパプリカとツナのサラダ）

チュニジアの定番料理。オーブンで焼いたパプリカやトマトを包丁で叩いてからいったん冷やし、ゆで卵やツナを添える。アウトドアでは、あらかじめ作っておいて、盛りつけは現地で！

—— INGREDIENT（4人分）

パプリカ（赤、黄、緑など）…3個
玉ねぎ…1個
ミニトマト…12個
にんにく…1かけ
イタリアンパセリ…2枝
ツナ缶…小1缶（70g）
A
　ハリッサ（またはタバスコ®）…小さじ1
　レモン汁…小さじ1
　ワインビネガー…小さじ2
　EXVオリーブオイル…1/2カップ
　塩…少々
ゆで卵…2個
緑オリーブの実…20〜30粒
ケッパー…20〜30粒
プルピベール（p.95参照）…適量

—— RECIPE

1　玉ねぎは皮つきのまま4等分に切り、パプリカ、ミニトマトはまるごと天板にのせ、200℃に予熱したオーブンで20分ほど焼く。ミニトマトは取り出し、残りはさらに20分焼く。パプリカの皮が焦げたら玉ねぎとともに取り出し、紙袋に入れて粗熱がとれるまで蒸らす。

2　ボウルにAを入れてよく混ぜ合わせる。パプリカの皮をむいてへたと種を取り除き、玉ねぎ、ミニトマトも皮をむいて、ともにざく切りにする。にんにく、イタリアンパセリはみじん切りにする。すべてボウルに加えてあえ、冷蔵庫で冷やす。

3　器に2を平らに盛って缶汁をきったツナを中央にのせ、殻をむいて縦4等分に切ったゆで卵を飾る。オリーブ、ケッパー、プルピベールを散らす。

Hellim Peynir Kızartması　ギリシャ／トルコ

焼きハルーミチーズ ケキッキとはちみつレモン

ハルーミチーズはキプロス島原産、塩水漬けで、独特な食感のあるチーズ。こんがりときつね色に焼いて食べる。ギリシャ名物だが、トルコやレバノンでも人気の温かいメゼだ。

—— INGREDIENT（作りやすい分量）

ハルーミチーズ…250g
EXVオリーブオイル…大さじ1
はちみつ…大さじ3
レモン…1/2個分
ケキッキ（p.95参照）…小さじ1

—— RECIPE

ハルーミチーズは厚さ1cmに切る。小さなフライパンにオリーブオイルを中火で熱し、チーズを並べて両面をこんがりと焼く。はちみつをかけ、レモンを搾って回しかけ、最後にケキッキをかけて火を止める。
※ケキッキの代わりにザータル（p.95参照）をかけてもおいしい。

Jerusalem Mix Sandwitch　イスラエル

エルサレム・ミックスサンドイッチ
（ハツとレバーのスパイス炒めサンド）

エルサレムのマハネイェフダ市場内の屋台で、残り物の鶏肉や内臓を寄せ集めて焼き、サンドイッチにしたところ評判となったのがこの料理の起源といわれる。今も同市場内の数店が「我こそ発祥店」と名乗りあっているらしい。建国してまだ70年の新しい国、イスラエルで生まれた大衆料理だ。好みのサラダと一緒に食べよう。

―― INGREDIENT（4人分）

鶏むね肉…1枚(250g)
鶏ハツ…100g
鶏レバー…100g
玉ねぎ…1個
にんにく…2かけ
EXVオリーブオイル…小さじ1
白ワイン…1/4カップ
A ┌ クミンパウダー…小さじ1
　├ コリアンダーパウダー…小さじ1
　├ パプリカパウダー…小さじ1/2
　├ ターメリックパウダー…小さじ1/4
　├ 塩…小さじ1/2
　└ こしょう…小さじ1/2
ピタパン…4枚
＜つけ合わせ＞
タヒーニサラダ（p.21参照）…適量
赤玉ねぎのスマックあえ（p.49参照）…適量

―― RECIPE

1. むね肉は皮を除き、1.5cm角に切る。ハツ、レバーはそれぞれ牛乳に5分ほど浸し、食べやすい大きさに切る。玉ねぎは幅1cmの輪切りにする。にんにくは粗いみじん切りにする。

2. フライパンにオリーブオイルを中火で熱し、玉ねぎ、にんにくを入れて炒める。玉ねぎがしんなりしてきたら、むね肉、ハツを入れ、肉の色が変わってきたら、レバー、白ワインを加えて炒める。レバーに火が通ったら、**A**を加えて混ぜ、火を止める。

3. ピタパンを半分に切ってポケット状に広げ、**2**、つけ合わせのタヒーニサラダ、赤玉ねぎのスマックあえとともに入れる。

Asparagus Ba'gril　イスラエル / UK
アスパラガスのグリル、ザータルとアーモンド味

春夏が旬のアスパラガスをオリーブオイルで焼き、アーモンドを散らす。ロンドンの中東・地中海料理レストラン「Ottolenghi」で食べたサラダをイメージして作った。

—— INGREDIENT（2〜3人分）

グリーンアスパラガス…8〜10本
アーモンド…24粒
A ┤ EXVオリーブオイル…大さじ2
　　塩…小さじ1/2
　　黒こしょう…少々
ザータル（p.95参照）…小さじ2

—— RECIPE

1. アスパラガスはかたい根元を切り落とし、ピーラーで下半分の皮をむき、**A**をからめる。アーモンドはフライパンでから炒りし、半分に切る。

2. グリル、またはフライパンを熱し、アスパラガスを並べて表面に焦げ目がつくまで焼いて器に盛り、アーモンド、ザータルをふる。

Hazil Afuy Béthina　イスラエル
焼きなすサラダ タヒーニソース

中東では焼きなすはペースト状にすることが多いが、あえて日本の焼きなすのように形を残したまま、タヒーニソースの上に盛りつけるのが現在のトレンド。

—— INGREDIENT (2人分)

なす…4個
A
- 白ワインビネガー…大さじ1
- にんにく(すりおろし)…1かけ分
- 塩…小さじ1/2
- EXVオリーブオイル…大さじ2

B
- タヒーニ(p.95参照)…100g
- レモン汁…大さじ2
- 水…1/2カップ
- 塩…小さじ1/2

赤玉ねぎ(粗みじん切り)…1/8個分
ざくろの実(または刻んだミニトマト)…適量

—— RECIPE

1. なすはへたを切り落とし、中まで火が通りやすいように縦に2カ所、軽く切り込みを入れる。

2. グリルや焼き網にのせて焼く。皮全体が焦げて、中までやわらかくなったら紙袋に入れて粗熱がとれるまで蒸らし、皮をむく。

3. ボウルにAを混ぜ合わせ、なすを加え、よくあえる。別のボウルにBを混ぜ合わせ、タヒーニソースを作る。

4. 平皿にタヒーニソースを敷き、なすを並べる。赤玉ねぎ、ざくろの実を散らす。

Kuru Meyve Komposto トルコ

ドライフルーツとヨーグルトのデザート

トルコ語でスウィーツは「タトル」という。トルコ人は締めのタトルがない食事なんてありえない！　でも、たいていのタトルは日本人には甘すぎて……。そんな方にもオススメできるドライフルーツのコンポート。トルコ産のドライフルーツをたっぷり使って、甘い香りのスパイスとアールグレイ紅茶に浸して、砂糖は控えめに（笑）。

—— INGREDIENT（4〜6人分）

- ドライあんず…200g
- ドライマンゴー…100g
- ドライクランベリー…40g
- りんご…1個
- カルダモン…4粒
- A
  - 水…2カップ
  - アールグレイティー（ティーバッグ）…1個
  - クローブ…2粒
  - シナモンスティック…1本
  - グラニュー糖…40g
- ローズウォーター（あれば）…大さじ1
- プレーンヨーグルト…400g
- ピスタチオ…25g
- ざくろの実（あれば）…少々
- レモンの皮（国産／あれば）…少々

—— RECIPE

1. カルダモンは殻をむき、種だけを鍋に入れる。**A**を加えて火にかける。沸騰したら弱火にして5分煮る。火を止め、ティーバッグを取り出して、室温まで冷ましてローズウォーターを加える。

2. 保存容器（またはボウル）にドライフルーツ類を入れ、**1**を注ぎ入れて半日以上おく。ヨーグルトはペーパータオルを敷いたざるに入れて、冷蔵庫に半日おき、水けをきる。

3. りんごは皮をむき、8〜12等分のくし形切りにして**2**のドライフルーツの容器に加える。ピスタチオは殻をむいてフライパンでから炒りして半分に切る。食べるときに器に盛って水きりヨーグルトをかけ、ピスタチオ、ざくろの実、レモンの皮を細切りにして散らす。

※水きりヨーグルトの代わりに、バニラアイスを添えてもおいしい。

サラーム海上 最新中東音楽プレイリスト

Spotifyコードの使い方 お手持ちのスマートフォンにSpotifyアプリをダウンロード。Search→虫眼鏡アイコン→右上のカメラアイコンをタップして、緑色のSpotifyコードをスキャンしてください。スマートフォンをお持ちでない方は、それぞれプレイリストのタイトル下のURLにアクセスしてお楽しみください。

1. Let's Meyhane Party

 Spotifyコード

spotify:user:21i2hchfshikuv6cmfi2q2i6i:playlist:28gKy4R6AXpUyyjh8JJ4cT

Gaye Su Akyol / İstikrarlı Hayal Hakikattir トルコ ［1970年代「アナドルロック」を現代に転生する女性歌手］

Altin Gün / On オランダ／トルコ ［往年のアナドルロック名曲カヴァーバンド］

Islandman / Rest in Space トルコ ［イスタンブルのアンビエント〜チルウェイヴトリオ］

Yasmine Hamdan / Al Jamilat レバノン ［オルタナティヴ女王の氷のように美しい音］

Sofiane Saidi & Mazalda / El Ndjoum アルジェリア／フランス ［アルジェリアのブルース「ライ2.0」］

Ammar 808 / Maghreb United チュニジア／モロッコ／アルジェリア ［マグレブ三国の連帯を伝統音楽と電子音楽で］

Ouzo Bazooka / Songs from 1001 Nights イスラエル ［中東サイケデリックロック最前線］

Tootard / Laissez Passez ゴラン高原 ［パスポートを持たぬ若者トリオのアラブ＆砂漠ロック］

Acid Arab / Musique De France フランス／中東 ［仏人DJデュオによるクラブ音楽と中東音楽の出合い］

音楽サブスクリプションサービス「Spotify」に中東音楽プレイリストを2つ用意しました。「Let's Meyhane Party」はホームパーティーの際に、料理の準備の段階から流したいアップテンポなプレイリスト。「Meyhane Chill Out」は、デザートも食べ終えた、深い時間に向けたしっとり系プレイリスト。どちらも比較的新しい作品を中心にセレクトしてます。もっと聴きたい方はサラームがナビゲートするNHK-FM「音楽遊覧飛行」やJ-WAVE「ORIENTAL MUSIC SHOW」もよろしく！

2. Meyhane Chill Out  Spotifyコード

spotify:user:21i2hchfshikuv6cmfi2q2i6i:playlist:4ijOKqTF1cULA4PNZH5sMx

Tigran Hamasyan / An Ancient Observer アルメニア　［古代アルメニアの記憶を内包した21世紀型ジャズピアノ］

Yazz Ahmed / La Saboteuse バーレーン／UK　［アラブ音楽とUKジャズ双方がルーツの女性トランペッター］

Shai Maestro / The Stone Skipper イスラエル　［中東ジャズピアノトリオの瑞々しい音記録］

Avi Avital, Omer Avital / Avital Meets Avital イスラエル　［ジャズとクラシックの鬼才二人による空想のモロッコ音楽］

Rejoicer / Energy Dreams イスラエル　［中東のアブストラクトヒップホップ］

Idan Raichel / Raichel Piano Songs イスラエル　［「イスラエルの坂本龍一？」のピアノ弾き語りライブ］

Vardan Hovanissian, Emre Gültekin / Karin アルメニア／トルコ
［世界で最も哀しい音色の笛とトルコ三味線、吟遊詩人の共演］

Deben Bhattacharya / Paris to Calcutta, Men and Music on The Desert Road インド〜中東〜ヨーロッパ
［1950年代に旧大陸を漂泊、録音機を回したインド人民族音楽学者の記録］

Recorded by Paul Bowles / Music of Morocco モロッコ
［米国人作家ボウルズが50年代末に現地録音した幻の音源＋取材帳］

招かれなければ食べられない味
中東の家庭料理

旅に出ても、料理との出合いの多くはレストラン。家庭料理はめったに食べられない。
ここでは、友人知人を訪ねながら、現地で教わった家庭料理をご紹介しよう。
伝統的な料理、家でゆっくり作るからこそできる料理、その地域や家で生まれたオリジナル料理がたくさんある。

Marak Katom　イスラエル
かぼちゃ、にんじん、さつまいものスープ ザータル風味

ベジタリアンのためのにんじんやかぼちゃのスープ。オーブンで焼いてうまみを凝縮させてから煮て、ザータルで中東の香りを加える。

—— INGREDIENT（4〜5人分）

かぼちゃ…1/4個
さつまいも…1/2本
にんじん…1本
A ┌ 塩…少々
　│ EXVオリーブオイル…大さじ2
　└ クミンパウダー…小さじ1
湯…1.2ℓ
野菜ブイヨン（固形）…1個
ザータル（p.95参照）…適量
塩…小さじ1/2
こしょう…少々

—— RECIPE

1　かぼちゃは種とわたを取って5cm角に切り、皮を削ぎ落とす。さつまいもとにんじんは、皮をむいて幅2cmの輪切りにする。天板にのせてAをふり、180℃に予熱したオーブンで30分ほど、やわらかくなるまで焼く。

2　1を鍋に入れ、分量の湯、野菜ブイヨンを加える。ハンドミキサーで野菜をつぶす（または、鍋に入れる前に野菜をフードプロセッサーでペースト状にする）。火にかけ、煮立ったら弱火にし、40分ほど煮てとろりとしてきたら、ザータル、塩小さじ1/2、こしょうを加える。

3　器に盛り、ザータル少々をふる。

Ezogelin Çorbası　トルコ

エゾゲリン・チョルバス（レンズ豆とトマトのスープ）

「花嫁のスープ」の名をもつメーノ。トルコでは定番のレンズ豆のスープ「メルジュメッキ・チョルバス」にトマトやブルグル、ミントを加えて腹持ちをよくした豪華版だ。

── INGREDIENT（4〜5人分）

赤レンズ豆…2/3カップ
玉ねぎ…1/3個
にんにく…1かけ
トマト…1個
バター…15g
A［トマトペースト…大さじ1
　パプリカパウダー…小さじ1
　プルビベール（p.95参照）…小さじ2］
B［ブルグル（またはクスクス）…大さじ1
　米…小さじ1
　水…1.5ℓ
　野菜ブイヨン（固形）…1個］
塩、こしょう…各適量
ドライミント…大さじ1
レモン（くし形切り）…適量

── RECIPE

1　レンズ豆は水でサッと洗ってざるに上げる。玉ねぎ、にんにくはみじん切りにする。トマトは湯むきしてざく切りにする。

2　鍋にバターを入れて中火で溶かし、玉ねぎ、にんにくを入れて、玉ねぎが透きとおるまで炒める。トマト、**A**を加えてかるく炒め、レンズ豆、**B**を加える。

3　煮立ったら弱火にしてアクを取り、ふたをして45分煮る（水分が減ったら適宜足す）。レンズ豆が煮くずれたら塩、こしょう、ドライミントを加える。器に盛って、レモンを添え、搾って食べる。好みでプルビベール、ドライミント各少々（各分量外）をふる。

Maftoul　レバノン

マフトゥール（鶏肉とパールクスクスの炊き込みご飯風）

イスラエルやレバノンで食される大粒のパールクスクスを炊いて鶏肉をのせる、いわばクスクス丼。レバノンでは「マグレブから来た」を意味する「マグレビーヤ」と呼ばれることもある。マグレブ諸国では、クスクスはスープとクスクスを別々の鍋で作るが、これはスープでクスクスを炊き込む、いわばワンポットパスタだ。

—— INGREDIENT（4〜6人分）

パールクスクス（p.95参照）…250g
鶏手羽元…8本
鶏むね肉…1枚
玉ねぎ…1個（200g）
にんじん…2〜3本
A ┌ レモン（国産／薄切り）…1/4個分
　│ シナモンパウダー…小さじ1/2
　│ オールスパイス…小さじ1/2
　│ 塩…小さじ1
　└ 黒こしょう…小さじ1/2
水…4カップ
にんにく…1かけ
ローリエ…1枚
ゆでひよこ豆…100g
※p.10「基本のホモス」の作り方1〜3参照。
EXVオリーブオイル…大さじ1と1/2
B ┌ カルダモンパウダー…小さじ1/2
　│ クミンパウダー…小さじ1/2
　└ 塩…少々
香菜（シャンツァイ）（みじん切り）…適量

—— RECIPE

1　手羽元には、骨に沿って包丁で切り込みを入れる。むね肉は2cm角に切る。玉ねぎは幅1〜2cmのくし形切りにする。にんじんは長さ3cmに切り、太い部分は4等分に切る。

2　ボウルにAを混ぜ合わせ、玉ねぎ、にんじん、手羽元、むね肉も加えてよくすり込んで15分以上おく。

3　厚手の鍋に2と分量の水、にんにく、ローリエを入れて中火にかける。煮立ったらときどきアクを取りながら30分ほど煮る。手羽元、むね肉、玉ねぎ、にんじんは取り出し、スープを2と1/2カップ取り分ける（足りなければ水を足す）。

4　フライパンにオリーブオイル大さじ1を中火で熱し、パールクスクスを炒める。油がなじんだら、ゆでひよこ豆、3のスープを加える。煮立ったらふたをして、弱火で20分煮る。火を止め、取り出しておいた玉ねぎ、にんじんをのせてふたをし、15分蒸らす。

5　ボウルにBを混ぜ合わせ、手羽元とむね肉を加えてからめる。別のフライパンにオリーブオイル大さじ1/2を中火で熱し、手羽元、むね肉を入れて全体に焼き目がつくまで焼く。

6　4を器に盛って、5の手羽元とむね肉をのせ、香菜を散らす。

Kağıtta Balık　トルコ
キャーウタ・バルック（鯛の紙包み焼き ラク風味）

魚の切り身を香味野菜やオリーブなどとともに紙包み焼きにするトルコ沿岸部の料理。包みを開くと、ラク（蒸留酒）のアニスの香りと魚の香りが混ざり合う！

—— INGREDIENT（2人分）

- 鯛の切り身（またはスズキ、タチウオなど）…2切れ
- 塩漬けぶどうの葉（あれば）…4枚
- 玉ねぎ…1個
- ミニトマト…8個
- 青唐辛子（またはしし唐辛子）…2〜4本
- わけぎ…2本
- 緑オリーブの実（種なし）…10粒
- レモン（国産／薄切り）…1/2個分
- 塩…少々
- バター…40g
- ケッパー…12粒
- 黒こしょう…適量
- ラク（またはペルノー、リカール、ウゾ。なければ白ワイン）…大さじ2

—— RECIPE

1. 鯛は塩をふって5分おく。ぶどうの葉は流水で塩けを抜いてペーパータオルで水けをとる。

2. 玉ねぎは薄切りにし、ミニトマトは4等分に切る。青唐辛子はへたと種を取って小口切りに、わけぎも小口切りにする。オリーブの実はざく切りにする。

3. オーブン用シートを長さ50cmくらいに2枚切る。広げてぶどうの葉を2枚敷いて鯛1切れをのせ、2の半量をのせる。バターとケッパーの半量を散らして黒こしょう、ラクをふり、レモンの半量をのせる。シートの長辺の両端を閉じ、左右の端も折って包み込む（ステープラーでとめてもよい）。残りの1包みも同様に作る。220℃に予熱したオーブンで30分焼く。

バルック・ココレッチ（魚介のスパイス焼き）
Balık Kokoreç / トルコ

ココレッチとはもともとスパイシーなモツ焼きのこと。これは、その魚介版。魚介にスパイスをきかせたオーブン焼き。

— INGREDIENT（2～3人分）

- ゆでダコの足（またはイカの足）…100g
- アサリ（殻つき／砂出ししたもの）…150g
- むきエビ…50g
- 白身の魚（スズキやタラなど）…1切れ
- 青唐辛子…2～4本
- パプリカ（赤）…1/4個
- マッシュルーム…6個
- トマト…1個
- 玉ねぎ…1/4個
- にんにく…2かけ
- ローリエ…1枚
- 水…2カップ
- EXVオリーブオイル…小さじ2
- A
  - 塩…小さじ1/4
  - ケキッキ（p.95参照）…小さじ1/2
  - クミンパウダー…少々
  - プルビベール（p.95参照）…小さじ1
- バター…30g

— RECIPE

1. 鍋にタコ、アサリ、玉ねぎ、にんにく1かけ、分量の水、ローリエを入れ、ふたをして中火にかける。アサリの口が開いたら取り出し、再びふたをしてタコがやわらかくなるまで弱火で1時間煮る（水が足りなくなったら適宜足す）。タコを1cm幅のぶつ切りにする。アサリは身を取り出し、半分くらいに刻む。

2. 青唐辛子、パプリカ、マッシュルーム、トマトは粗く刻む。むきエビは幅1cm、白身魚は1cm角に切る。残りのにんにく1かけはみじん切りにする。

3. フライパンにオリーブオイルとみじん切りのにんにくを入れて中火で熱し、香りが出てきたらみじん切りの野菜と魚介を加えて炒める。1のアサリ、タコ、Aを加えてかるく炒め合わせ、火を止める。

4. 耐熱の器に分量のバターを少し塗り、3を入れる。残りのバターを上に散らし、220℃に予熱したオーブンで25分焼く。好みでケキッキ少々（分量外）をふってもよい。

Karnıyarık　トルコ

カルヌヤルク（揚げなすの肉詰め煮込み）

カルヌヤルクはトルコの安食堂ロカンタの定番。「お腹を裂く」という意味の名前で、揚げ焼きしたなすを裂いて、ひき肉を詰めて煮込んだもの。有名な冷たいメゼ「坊さんの気絶」に似ているが、こちらは温かいまま食べるメイン料理だ。

INGREDIENT（2人分）

牛ひき肉…200g
なす…大4個
玉ねぎ…2/3個
青唐辛子…2本
にんにく…1かけ
イタリアンパセリ…1枝
EXVオリーブオイル…適量
A ┃ ビベールサルチャス(p.95参照)…大さじ1
　 ┃ トマトペースト…大さじ1
塩…小さじ1
こしょう…少々
●トッピング
　┃ ミニトマト(4等分に切る)…2個
　┃ 青唐辛子(半分に切る)…2本
　┃ 湯…3/4カップ
B ┃ ビベールサルチャス(p.95参照)…小さじ1
　┃ トマトペースト…大さじ1

RECIPE

1. なすはへたを切り落とし、ピーラーで縦に数カ所皮をむき、塩水（分量外）に30分つける。玉ねぎ、にんにく、イタリアンパセリはみじん切りにする。青唐辛子はへたと種を取って粗みじん切りにする。

2. フライパンにオリーブオイル大さじ1を中火で熱し、玉ねぎを炒める。青唐辛子を加えて炒め、ひき肉を加えて炒める。肉の色が変わったら**A**、にんにくの順に加えて炒め合わせる。火を止めてイタリアンパセリ、塩、こしょうを加える。

3. なすは両手でにぎってしっかり水けを絞り、ペーパータオルで水けをとる。フライパンにオリーブオイル1/4カップを中火で熱し、なすを並べ、ときどき向きを変えながら焦がさないように15分ほど揚げ焼きにし、耐熱性のバットにのせて冷ます。

4. なすに縦に切り込みを入れ、スプーンで穴をあけないように開き、くぼみを作る(a)。2を等分に詰め、トッピングを並べる。**B**を混ぜてなすのまわりに注ぎ入れる(b)。200℃に予熱したオーブンで30分焼く。なすがトロトロになったらできあがり。

※レモンを搾ったり、ブルグルピラウ(p.93参照)をつけ合わせにするとよい。

a

b

トルコの南へ
地中海のレジェップ父さん

2016年7月、イスタンブルの友人夫婦アイリン＆ハッカンに誘われて、アイリンの両親が住むトルコ最南端の地中海の町アナムルを訪れた。暑い夏の間、ご両親はビーチから近いサマーハウスに住み、父親のレジェップさんは畑いじりと酒造りに精を出し、母親ヌルギュルさんは1日中台所に立ち、手料理を作り続けていた。6日間の滞在中は、アイリンたちと1日に何度もビーチに行くかたわら、僕はヌルギュル母さんからはメゼや野菜料理、肉料理や魚料理、朝食にデザートまで、たくさんのトルコ地中海料理を習うことができた。レジェップ父さんからも地酒ラクの発酵蒸留の方法から、軍隊仕込みのスタミナ朝食メニューまで教えていただいた。楽しい6日間はあっという間に過ぎた。習った料理のいくつかはすでに僕の出張メイハネの定番となっているし、こうしてこの本にレシピを掲載できた。ああ、またアナムルを再訪し、レジェップ父さんとヌルギュル母さんから料理を習いたいなあ……。

レジェップ父さんとヌルギュル母さん

アンテップ・ケバブを作るヌルギュル母さん

青果市場

Sıkma & Batırık トルコ
スクマとバトゥルック
(ピーナッツ入りブルグル団子と冷製スープ)

「アナムルにしか存在しない料理よ」とヌルギュル母さんが作ってくれた2品。スクマは土地の名産ピーナッツをごまやトマトペーストとともにミキサーにかけ、練りあげた団子。その肉団子生地に氷水とレモン汁を加え、トマトとキュウリを足して冷たいスープに仕立てるのがバトゥルック。酷暑のアナムルだけに、火を使わないローフードかつ、栄養抜群のパワーフード！ トルコ版のガスパッチョだ。

── INGREDIENT（2〜3人分）

- ブルグル（小粒）…2カップ
- トマト（完熟／またはトマト缶100g）…1個
- 白いりごま…1/2カップ
- ピーナッツ…1/2カップ
- 玉ねぎ…1個
- 湯…2カップ
- A
  - トマトペースト…大さじ1
  - ビベールサルチャス（p.95参照）…小さじ2
  - 塩…小さじ1/2
- ●バトゥルック
  - 冷水…1と1/2カップ
  - トマト…1個
  - きゅうり…1本
  - 塩…少々

── RECIPE

1. トマトはジューサーにかけてジュース状にする。白ごまとピーナッツはフードプロセッサーで細かく砕く。玉ねぎはみじん切りにする。

2. ボウルにブルグルを入れ、分量の湯を注ぐ。玉ねぎ、**A**を加えてよく練る。残りの**1**を加え、粘けが出るまでよくこね、2等分にする。

3. 半分は片手でにぎり、細長いつくねのような形にまとめる。これでスクマのできあがり。

4. 残り半分はボウルに入れて分量の冷水を少しずつ足してのばす。トマトは5mm角に切り、きゅうりも皮をむいて5mm角に切って加え、塩で味をととのえる。これでバトゥルックのできあがり。

※バトゥルックは、好みで氷を浮かべ、レモン汁やプルビベール（p.95参照）をかけて食べる。

Patemen　トルコ
パテメン（フライドポテト入りのメネメン）

パテメンは元軍人のレジェップ父さん自慢のオリジナル料理だ。「嘘だと思うならネット検索してみなさい！」と言われたので調べたところ、確かにネットにも出てこない。トルコの朝食に欠かせないスクランブルエッグのメネメンにフライドポテトをどっさり入れた超ボリューミーな一品。何も予定のない休日の朝食に最高だ。

INGREDIENT（4人分）

- 卵…4個
- じゃがいも（メークイン）…3〜4個（450g）
- トマト（完熟）…大1個
- 玉ねぎ…1個
- 青唐辛子（またはしし唐辛子）…2〜6本
- EXVオリーブオイル…1/4カップ
- 塩…適量
- ビベールサルチャス（p.95参照）…小さじ2
- セミハードチーズ（またはピザ用チーズ）…100g

RECIPE

1. じゃがいも、トマトは1cm角に切る。玉ねぎはみじん切り、青唐辛子もへたと種を取ってみじん切りにする。チーズも粗く刻む。

2. フライパンにオリーブオイルを中火で熱し、じゃがいもに塩少々をふって入れる。火が通るまでじっくりと揚げ焼きし、表面がきつね色になって角が丸くなってきたら取り出し、余分な油をきる。

3. 2のフライパンを再び熱し、玉ねぎ、青唐辛子を炒める。玉ねぎが透きとおったらトマトを加え、形がくずれるまで炒め煮にする。

4. ビベールサルチャス、塩少々を加え、じゃがいもを戻し入れてよく混ぜ合わせ、チーズを刻んで加える。チーズが溶け始めたら4カ所くぼみを作り、卵を割り入れる。白身が固まってきたら、黄身の表面を軽くくずして、火を止める。食卓にフライパンのままサーブし、取り分けて食べる。

Antep Kebab トルコ
アンテップ・ケバブ（牛肉と野菜、米の重ね蒸し）

「私のアンテップ・ケバブは特別なのよ」とヌルギュル母さん。アンテップ・ケバブとは、羊肉を揚げなすと赤パプリカのペースト、ビベールサルチャスで煮込んだ料理だ。グルメの町ガジアンテップの名物だ。ヌルギュル母さんは、牛肉、なす、夏野菜、さらにお米を層にして弱火で煮込み、最後に鍋ごとお皿の上にひっくり返した。まるでケーキのような仕上がり！　トロトロのなす、肉や野菜のうまみを吸ったご飯が最高にうまい。

INGREDIENT（6人分）

米…2合
牛カレー用肉…450g
なす…6本
トマト（完熟）…大2個
玉ねぎ…人1個
にんにく…2かけ
パセリ…4枝

A
- トマトペースト…大さじ2
- ビベールサルチャス（p.95参照）…大さじ1
- 塩…小さじ1
- こしょう…小さじ1

EXVオリーブオイル…適量
塩、こしょう…各少々
イタリアンパセリ（あれば／みじん切り）…適量

RECIPE

1 米はよく洗い、水に30分ほど浸す。なすはへたを落として縦3〜4等分に切り、調理するまで塩水（分量外）に浸す。

2 トマトは粗みじん切りにしてボウルに入れる。玉ねぎ、にんにく、パセリはみじん切りにして加え、**A**も加えてよく混ぜ合わせる。

3 なすの水けをペーパータオルでよく拭く。フライパンにオリーブオイル1/2カップを中火で熱し、なすの両面がきつね色になるまで焼く。

4 牛肉は余分な脂を取り除いて、塩、こしょうをまぶす。厚手の鍋（直径22cm）の底にオリーブオイル少々を塗り、牛肉を並べる。なすの1/3量をのせ、上に2の半量を広げる（a）。なすの1/3量、残りの2を重ね、最後に残りのなすをのせる。

5 ふたをして中火にかけ、沸騰してふたの隙間から湯気が出てきたら弱火にし、40分ほど蒸し煮にする。上に水けをきった米を入れて平らにし、再びふたをして、さらに30分蒸し煮にする。

6 火を止め、10分ほど蒸らす。平らな大皿や天板などに一気に鍋をひっくり返し（b）、イタリアンパセリを散らす。

※おろしにんにく入りのヨーグルトなどをかけて食べる。アトム（p.40参照）も合う。

a

b

イスラエルのモダン料理
ヤルデンの食卓

2016年11月、エルサレムで開催された音楽祭の取材の前後、テルアビブ南部のヤッフォ・ビーチ近くに暮らすヤルデン&ダン夫妻のマンションに5日間泊まらせていただいた。ダンは、人気バンドBoom Pamをはじめとするアーティストのマネージメントや音楽フェスのオーガナイズを行っている。一方、奥様のヤルデンはマーケティング系。2人の共通点は、普段から海外を飛び回っていることと、大の食いしん坊ということ。毎日、ホモス店からウイグル料理店まで、僕を新しい店に連れていってくれるし、2018年末には東京にやって来て、寿司や刺身はもちろん、豚骨ラーメンまで堪能して帰ったほどだ。そんな彼らが親しい友人たちを自宅に招いて、僕のウェルカム・パーティーを開いてくれた。ヤルデンから今どきのイスラエル料理を習うチャンスがついにやって来た!

食いしん坊のダン

2人の家でホームパーティ

料理を教えてくれたヤルデン

chopped Liver　イスラエル
チョップト・レバー

緑黄色野菜やオリーブオイルをたっぷり使ったカラフルな中東料理や地中海料理が目立つイスラエルだが、東ヨーロッパ系のユダヤ人「アシュケナージ」の伝統料理も存在する。その多くはハーブやスパイスを用いず、肉や川魚、内臓や根菜を長時間煮た地味な料理である。ヤルデン曰く「それでもこのチョップト・レバーみたいに、ときどき食べたくなる素朴でおいしい料理もあるのよ」。

―― INGREDIENT（4人分）

ゆで卵…1個
鶏レバー…200g
玉ねぎ…2個
EXVオリーブオイル…大さじ2
バター…大さじ1
マデイラ酒（またはウイスキーかブランデー）…大さじ1
塩…小さじ1/2
こしょう…小さじ1/2
ざくろの実（またはもどしたドライクランベリー）
　…1/4個分

―― RECIPE

1 ゆで卵は殻をむいて粗みじん切りにする。鶏レバーはおおまかに切る。玉ねぎ1/2個は縦に薄切りにし、残り1/2個は粗みじん切りにする。

2 フライパンにオリーブオイルを中火で熱し、薄切りの玉ねぎを焦がさないように、あめ色になるまで炒めて取り出す。

3 フライパンにバターを中火で溶かし、粗みじん切りの玉ねぎを炒める。しんなりしたら鶏レバーを加えて炒め、マデイラ酒、塩、こしょうを加える。

4 まな板に3をのせ、粗熱をとりながら包丁で叩き、細かくしてボウルに入れる。ゆで卵を加えて混ぜる。平皿に塗るように盛り、上に2の玉ねぎ、ざくろの実を散らす。

サラーム！ 旅で教わった家庭料理② ヤルデンの食卓

Siniya　イスラエル
シニヤ（焼きなすと肉の重ね焼き）

シニヤとは「層」という意味で、本来は肉団子や焼きなすとソースを重ねて、オーブンなどで焼いた料理を指す。「伝統的にはタヒーニのソースを使うんだけど、最近はヘルシー志向でヨーグルトを使うのが流行っているの。それに私は、ひき肉をあまり練らず、団子にしないで焼くのが好きなの」とヤルデン。今どきのアレンジをしたレシピだ。

—— INGREDIENT（3〜4人分）

牛ひき肉…300g
なす…5本
玉ねぎ…1個
プレーンヨーグルト…400g
塩…少々
小麦粉…大さじ2
EXVオリーブオイル…適量
A ┌ イタリアンパセリ（みじん切り）…3枝分
　├ 香菜（みじん切り）…3枝分
　├ オールスパイス…小さじ1/2
　├ 塩…小さじ1/2
　└ こしょう…小さじ2
ミニトマト（半分に切る）…4〜5個
スマック（p.95参照）…小さじ1

—— RECIPE

1　ヨーグルトはペーパータオルを敷いたざるに入れて冷蔵庫に2〜3時間おき、水けをきる。

2　なすはへたを切り落として縦4等分に切り、塩をふって5分おき、水けを拭いて小麦粉をふる。フライパンにオリーブオイル1/4カップを中火で熱し、なすの両面を焼く（a）。取り出してペーパータオルにのせ、余分な油を取る。

3　玉ねぎはみじん切りにして耐熱性の器に入れ、ラップをかけずに電子レンジに5分かけて水分をとばし、ボウルに入れる。ひき肉、Aを加えて混ぜ合わせる。

4　フライパンにオリーブオイル少々を入れ、3を広げて焼く。焼き色がついたら上下を返して火を止める（中まで火を通す必要はない）。

5　耐熱性の器になすを敷き、上に4をのせる。その上に1の水きりヨーグルトを広げ（b）、ミニトマトを並べる。200℃に予熱したオーブンで45分焼く。様子を見て汁けがたくさん出ているようなら、さらに10分焼く。焼き上がりにスマックをふる。

a

b

サラーム！旅で教わった家庭料理③　ギリシャのマリア

エーゲ海料理のルーツを求めて
ギリシャのマリア

マリア母さん（左）とカテリーナ

レストランの店先にはタコが干してある！

トルコの魚介料理を調べていくと1つの謎に出合う。それは市場に並ぶ魚介の名前の多くがトルコ語ではなく、ギリシャ語を起源に持つことだ。スズキはレヴレク、鯛はチプラ、イワシはサルダリエ、タコはアフタポト……。古くからアナトリア半島の沿岸部にはギリシャ系住民が暮らし、後に流入してきたテュルク系は歴史的にも宗教的にも魚を好んでは食べなかったためだろう。それにしても、現在のメイハネの料理、特にメゼは魚介料理を抜きにしては語れない。ギリシャ系住民が多いイスラエルでも、ギリシャ系の魚介料理を頻繁に目にする。中東料理の奥の細道をたどっていくとギリシャ料理を無視できなくなった……と書くといかにも真剣そうだが、実のところ僕はタコ料理に目がないというだけなんだよ（笑）。

2018年6月、僕はギリシャの島へと足を延ばし、1週間の滞在中に8種類のタコ料理を食べた。ナクソス島の山間部の村では、マリア＆カテリーナ母娘の家庭料理教室「Vioma」www.vioma.grを訪れた。もちろんタコ料理をリクエスト！

ワインも自家製

Htapodi Stifado　ギリシャ
タコのスティファド、バルサミコ＆ハニー

スティファドとは肉と大量の玉ねぎをワインで長時間煮込んだギリシャの伝統料理。しかし、マリア＆カテリーナ母娘が教えてくれたのは、肉の代わりにタコ、ワインの代わりにバルサミコビネガーとはちみつを使ったスティファドだった。日本に戻り、鳴門のタコと愛媛のみかんはちみつを使って再現したら最高においしくできた。

―― INGREDIENT（4人分）

ゆでダコの足2本…400g
玉ねぎ…2個（450g）
にんにく…1かけ
じゃがいも（メークイーン）…4個
A ┌ ローリエ…1枚
　├ はちみつ…大さじ2
　├ バルサミコビネガー…大さじ2
　└ 塩…少々
こしょう…小さじ1/2
EXVオリーブオイル…大さじ1
揚げ油…適量
塩…適量

―― RECIPE

1　玉ねぎ、にんにくはざく切りにする。タコは長さ3cmくらいに切る。厚手の鍋にオリーブオイルを中火で熱し、玉ねぎ、にんにくを入れて透きとおるまで5分ほど炒める。

2　タコ、Aを加え、タコの表面が色づくまで炒める。ひたひたの水を加え、煮立ったら弱火にし、ふたをして2時間煮込む。途中、焦がさないようにかき混ぜ、必要なら水を適宜加えながら、じっくり煮る。

3　じゃがいもは皮をむき、1cm角の棒状に切る。フライパンに揚げ油を中温に熱し、じゃがいもを入れてきつね色になるまで揚げる。油をきり、軽く塩をふっておく。

4　タコが褐色に染まり、やわらかく煮えたらできあがり。器に3のフライドポテトを敷き、上に2を盛る。

サラーム! 旅で教わった家庭料理③ ギリシャのマリア

Kolokythákia Pita　ギリシャ
ズッキーニと白チーズのピッタ

ナクソス島のピザは「ピッタ」と呼ばれ、トルコのピデと同じく舟の形をしている。しかし、ピザやピデと違ってイーストを使わないので、ホロホロとクッキーのような食感だ。カテリーナ曰く「ズッキーニをしっかり絞って水気をきっておくのがコツよ」。これが意外に力仕事。水がたっぷり出てくる。

INGREDIENT（2枚分）

- ●生地
  - 薄力粉…250g
  - 全粒粉（薄力粉）…50g
  - 塩…小さじ1
  - ベーキングパウダー…小さじ2（約10g）
  - ぬるま湯…160㎖
  - 白ワインビネガー…大さじ1
  - EXVオリーブオイル…大さじ1
- ●具
  - ズッキーニ…大1本（350g）
  - ディル…1パック
  - わけぎ…2本
  - 白チーズ（またはフェタチーズ）…360g
  - 溶き卵…1/2個分
  - 塩、こしょう…各少々
- EXVオリーブオイル…大さじ2
- 白いりごま…大さじ2

RECIPE

1. 生地を作る。大きなボウルに材料を入れ、10分ほどこねる（ホームベーカリーを使ってもよい）。生地は2等分し、団子状に丸めてぬれ布巾をかぶせ、30分ほどやすませる。

2. ズッキーニはチーズ用のおろし金（または細切りのスライサー）で下ろし、塩少々（分量外）をふって5分おき、ペーパータオルで包んで絞り、水けをしっかりきる。ディル、わけぎはみじん切りにする。

3. ボウルに白チーズを入れ、フォークでほぐす。ディル、わけぎ、溶き卵を入れ、よく混ぜ合わせて塩、こしょうを加える。

4. まな板に打ち粉少々（分量外）をふり、生地を縦長の楕円形に整え、めん棒で縦40㎝、横25㎝くらいまで薄くのばす。生地の端を少しあけて具の半量をのせる。具がこぼれないよう向こう側の端をつまんでとめ（a）、左右の生地の端をのばしながら折りたたみ（b）、手前側の端もとめて形を整える（c）。同様にしてもう1つ作る。

5. 生地の表面にオリーブオイルを塗り、白ごまを散らす。180℃に予熱したオーブンで30分焼き、仕上げに220℃で10分、軽く焼き目がつくまで焼く。

a

b

c

サラーム！ 旅で教わった家庭料理④　ユスラさんの家庭料理

日本で作るトルコの味
ユスラさんの家庭料理

ラムの蒸し焼きを作るユスラ

「妻のユスラが作るイフタール料理（イスラーム教の断食月「ラマダン」の日没後に食べる特別料理）を食べに来ませんか？」。毎年ラマダンの季節になると、千葉県在住の大場宏行さんからこう誘っていただけるのが楽しみで仕方ない！　奥様のユスラさんはトルコ東南部が誇るグルメの町ガジアンテップ出身で、今も東京の料理店の厨房で働く料理のプロ。自宅では小さなお子さんの海凪ちゃんと海人君をあやしながら、一般的な日本の食材と最寄りのハラルフード店で手に入れた中東食材をうまく組み合わせてガジアンテップの料理をサクサクっと何品も作ってしまうのだ。「私の料理の先生はお母さん。料理の作り方を知りたいときは、その場でお母さんとビデオ通話して教えてもらっています。いつかサラームさんを私の実家に招待したいです。お母さんの手料理は本当においしいですから」。これまでにユスラさんから習ったたくさんの家庭料理のうちのごく一部をここに掲載しよう。

イチリキョフテの生地をこねる

具の詰め方を習った

Evde Beyaz Peynir トルコ
自家製白チーズ

「白チーズも家で作れるんですよ、カンタンね！子供たちが大好きなので一度にたくさん作ります。見てて！」と牛乳をパック4本分も鍋に投入したユスラさん。本物の白チーズを作るにはレンネット（凝乳酵素）や保温器が必要だが、沸騰させた牛乳をりんごビネガーで凝固させ、塩を溶かした乳清に漬けるだけでおいしいチーズができあがるとはビックリ！ここでは作りやすい分量で紹介しよう。

—— INGREDIENT（250g分）

牛乳…2ℓ
りんごビネガー…1/4カップ
水…1カップ
塩…小さじ2

—— RECIPE

1 大きな鍋（ステンレス、またはホーロー製）に牛乳を入れて中火にかける。ふつふつと煮立ってきたらりんごビネガーを加え、表面に凝固した粒が浮かび始めたら火を止める。そのまましばらくかき混ぜると、乳清と分離する(a)。

2 さらし（または厚手のペーパータオル）を敷いたざるをボウルにのせ、1を注いで漉す(b)／下にたまった乳清はとっておく）。かるく絞ってまるくまとめ、ざるにのせて皿をかぶせ、2ℓのペットボトルなどで重しをして室温で1時間ほどおく。

3 しっかり固まったら使いやすいよう3cm角くらいに切り分ける。2の乳清2カップに分量の水、塩を加え、塩が溶けるまでよく混ぜてから清潔な保存容器に注ぎ入れ、チーズを加えて乳清にしっかりつかるようにする(c)。すぐに食べられるが、塩味がしっかりつくのは翌日以降。

※取り出すときは清潔なスプーンで。1週間くらいで食べきって。

白チーズはこんなふうに食べる！
白チーズはトルコでは定番のチーズ。そのままはもちろん、サラダに入れたり、オムレツやグラタンなどの料理に使ったり。ラク（蒸留酒）にも合うのでつまみにもなる。

サラーム！ 旅で教わった家庭料理④　ユスラさんの家庭料理

İçli Köfte　トルコ
イチリ・キョフテ（ひき肉とブルグルの揚げ団子）

僕の大好物イチリ・キョフテはブルグルを練り込んだプツプツの衣と、ビベールサルチャスで味つけしたスパイシーなひき肉が詰まった揚げ団子。レバノンやイスラエルでも、ボールを意味する「クッペ」という名前で親しまれている。ユスラさん曰く「カンタンです。衣がくずれないようにしっかり生地をこねるのがコツね」とのこと。

—— INGREDIENT（2人分）

● 具
- 牛ひき肉…100g
- くるみ（細かく刻む）…30g
- EXVオリーブオイル…大さじ1
- 玉ねぎ（みじん切り）…1/2個分
- ビベールサルチャス（p.95参照）…小さじ2
- トマトペースト…小さじ1

● 衣
- ブルグル（細挽き）…1と1/4カップ（170g）
- 熱湯…1カップ
- 強力粉（できればセモリナ粉）…2/3カップ
- 玉ねぎ（すりおろして水けを絞る）…1/2個
- ビベールサルチャス（p.95参照）…大さじ1
- トマトペースト…大さじ1と1/2
- 溶き卵…1/2個分
- 小麦粉…1/2カップ

- EXVオリーブオイル…1/2カップ
- ベビーリーフ…1袋
- 赤玉ねぎ（薄切り）…適量
- スマック（p.95参照）…適量

—— RECIPE

1. ボウルに衣のブルグルを入れて分量の熱湯を注ぎ、ラップして20分おく。

2. 具を作る。フライパンでオリーブオイルを中火で熱してひき肉を炒める。肉の色が少し変わってきたら玉ねぎを加えて10分ほど炒める。くるみ、ビベールサルチャス、トマトペーストを加えて混ぜ、火を止めて冷ます。

3. 衣を作る。大きなボウルに1のブルグルと小麦粉以外の材料を入れ、体重をかけてよく混ぜる。粘りけが出てきたら小麦粉を加えてさらに10分ほど練る（フードプロセッサーを使ってもよい）。

4. 成形する。衣を50gほど水で濡らした手に取り、楕円形にまとめる。左手で持ち、中心に右手の親指をさし込み、左手で衣を回しながら穴を広げていく（a）。ふちを薄くのばしていくのがコツ。

5. 衣の穴に2の具を大さじ1くらい入れて（b）穴を閉じ、手のひらで転がしながら、ラグビーボールのような形に整える（c）。残りも同様に作る。

6. フライパンにオリーブオイルを中温に熱し、5をくっつかないように並べ入れ、少し固まったら、焦がさないように転がしながら10分ほどゆっくり揚げる。表面がきつね色になればできあがり。器に盛ってベビーリーフを添え、赤玉ねぎ、スマックを散らす。

a

b

c

Tavuklu Mantar Sote　トルコ

マンタル・タウック・ソテ（鶏ときのこの蒸し炒め）

ケキッキ（タイム）をきかせた鶏ときのこの料理。トルコでは、日本の都会では見かけないさまざまな種類の香り豊かなきのこを目にする。ユスラさんはしいたけを使っていたが、マッシュルームなど肉厚なほかのきのこでも試してみて。

―― INGREDIENT（作りやすい分量）

鶏もも肉…400g
水…1/2カップ
玉ねぎ…大1個（250g）
生しいたけ…大6個
ケキッキ（p.95参照）…適量
塩…小さじ1/2
こしょう…少々

―― RECIPE

1　鶏肉は2cm角に切って分量の水とともにフライパンに入れ、ふたをして火にかける。沸騰し、肉の色が変わったら弱火にし、焦がさないようにときどき水を足しながら30分ほど煮る。玉ねぎはみじん切りにし、しいたけは1cm角に切る。

2　鶏肉とゆで汁を取り出し、鶏肉をフライパンに戻す。玉ねぎ、しいたけ、ケキッキ小さじ1を加え、再びふたをして火にかけ、弱火でときどきかき混ぜながら、玉ねぎが透きとおり、しいたけがやわらかくなるまで15分ほど蒸し煮にする。野菜から出た水分が飛んだら、塩、こしょうを加えて混ぜる。器に盛り、ケキッキ少々を散らす。

※鶏のゆで汁はスープやピラフに使うとよい。

Et Kavurma　トルコ

エト・カヴルマ（羊肉の蒸し煮）

「クルバン・バイラム（犠牲祭）のときに食べる伝統料理です。主人や子供たちも大好きです」とユスラさん。シンプルだが、ブルグルピラウと合わせると止められなくなるおいしさ！

INGREDIENT（作りやすい分量）

ラムかたまり肉…500g
塩…小さじ1/2
ケキッキ（p.95参照）…適量
プルビベール（p.95参照）…適量

RECIPE

1　ラム肉は1cm角に切ってフライパンに入れ、中火にかける。焦がさないように炒め、表面の色が変わったら、ひたひたに水を加え、ふたをして弱火で一時間以上蒸し煮にする。水は適宜足す。

2　肉から出た脂が浮いてきたら、塩、ケキッキ小さじ2を加えてさらに30分蒸し煮にし、肉から出た脂の中で泳いでいるような状態にする。器につけ合わせのブルグルピラウ（左記参照）とともに盛りつけ、ケキッキ、プルビベール各少々を散らす。

ブルグルピラウ

INGREDIENT（作りやすい分量）

EXVオリーブオイル…小さじ2
バーミセリ（またはカッペリーニ）…10g
ブルグル（丸粒または粗挽き）…1カップ
水…1と1/2カップ
塩…少々

RECIPE

フライパンにオリーブオイルを中火で熱し、バーミセリを折って入れ、色づくまで炒める。ブルグルを加え、油が回ったら、分量の水、塩を加える。煮立ったらふたをして弱火で15分炊く。ブルグルがふくれたら火を止め、15分蒸らす。

中東料理の
味を決める
食材

レモン、にんにく、パセリ、オリーブオイル

意外に思う人も多いだろうが、東はトルコから西はモロッコまで、この本で取り上げた中東料理の味の基礎となっているのは、輸入食材店のエスニック食材売り場に並ぶ特別なスパイス類ではなく、「レモン、にんにく、パセリ、オリーブオイル」という、日本でごく一般的な食材だ。もちろん、この4つだけですべてが作れるわけではない。トルコならトマトペーストやヨーグルト、ナッツが加わるし、レバノンやイスラエルならタイムの亜種であるザータルや練りごまのタヒーニが欲しくなる。モロッコならシナモンやクミンパウダーなどアフリカらしい香りのスパイスが必要になる。それでもこの本で多く取り上げた「メゼ（前菜）」は旬の野菜とこの4つの食材の組み合わせで簡単に作れてしまう。それではまるで地中海料理じゃないか？と思う人はインターネットで中東地域の地図を見直すとよい。中東は東地中海沿岸地域と広く重なっているのだ。

味の決め手になる調味料

タヒーニ

中東のねりごま。日本のねりごまとの違いは、ごまの薄皮をむいてからすりつぶしてあること。皮の雑味や苦みがない分どんな料理にも合う万能調味料。
＊サラダ、ケバブ、焼き魚からスープまで万能！

ビベールサルチャス

赤パプリカを煮詰めたペースト。トマトペーストとポルトガル料理のマッサデピメンタオンの中間のような味。トルコの内陸部から南東部で用いられる。
＊オリーブオイルとともにパンに塗ってもおいしい

ざくろ濃縮果汁

ざくろの実を鍋に入れて、6～10倍に煮詰めたソース。バルサミコビネガーに似ているが、よりフルーティー。トルコの地中海地方からレバノン、イスラエルで多く使われる。
＊バニラやチョコアイスにかけても最高！

パールクスクス

イスラエルやレバノンでよく用いられる大きな丸粒のクスクスで、ゆでるともちもちした食感になる。直径は5mmほどあり、近年はアメリカでも人気が高い。
＊ゆでてサラダにするほかにスープで炊いてピラフのようにしても。

アクセントになるハーブ・スパイス

ケキッキ

タイムのこと。トルコ語ではケキッキと呼ばれる。肉や魚のくさみ消しにもなる。仕上げにふってもよい。
＊ケバブやラムチョップグリル、魚介のスパイス焼きなどに。

プルビベール

トルコ料理に必須の赤唐辛子フレーク。辛みは強くなく、うまみがある。韓国産赤唐辛子粉でも代用できる。
＊料理の仕上げにふると、風味も彩りもアップ。肉料理にも合う。

ザータル

イスラエルやレバノンを代表するハーブでタイムの亜種。スマック、白ごま、塩などを混ぜたものもザータルと呼ばれる。
＊オリーブオイルに混ぜてパンに塗ったり、ドレッシングに入れても。

スマック

ウルシ科の実を乾燥させて砕いたもの。フルーティな酸味があり、日本のゆかり®にそっくり。レモン汁や酢の感覚で使っても。
＊そのままサラダやスープ、ケバブにふって。ドレッシングに入れても。

サラーム海上（サラーム・うながみ）

音楽評論家。DJ。中東料理研究家。中東やインドを定期的に旅し、現地の音楽と料理シーンをフィールドワークし続けている。原稿執筆のほか、オープンカレッジや大学の講義、中東料理イベント「出張メイハネ」など活動は多岐にわたる。現地の今を伝え続ける姿勢が人気の秘密。著書に『ジャジューカの夜、スーフィーの朝』（DU BOOKS）など。NHK-FM「音楽遊覧飛行エキゾチッククルーズ」のDJを担当。選曲出演するJ-WAVEの中東音楽専門番組「ORIENTAL MUSIC SHOW」は2017年日本民間放送連盟賞ラジオエンターテインメント番組部門最優秀賞を受賞。
www.chez-salam.com

クラウドファンディングご支援者様（アルファベット、50音順）
A Izumi、Hiroko Sarah、Joe Mio (@jmworks)、KIYOKO MARUYAMA、zund耕園（ずんどこうえん）、安藤生時、井田安彦、永藤かおる、金子竜也、駒木根千尋、四宮毅士、新井瑛美、新井怜佳、千代扶実子、大宮俊孝、末永亜由子、野本裕輝

STAFF
撮影	櫻井めぐみ
スタイリング	阿部まゆこ
校正	(有)かんがり舎
デザイン	水野直人、赤羽有加（コックニーグラフィックス）
調理アシスタント	坂口恵巳
編集	岡村理恵

撮影協力
Rungta (TEL 03-6413-7421)、TITLES (TEL 03-6434-0616)
UTUWA (TEL 03-6447-0070)
パナソニック株式会社 アプライアンス社

取材協力
Aylin Güngör & James Hakan Dedeoğlu (İstanbul)
Nurgül & Recep Güngör (Anamur)
Maria & Katerina Andrielou (Vioma, Naxos)
Yarden Leshem & Dan Basman (Tel Aviv)
大場ユスラ&大場宏之、駐日イスラエル大使館文化部

MEYHANE TABLE More！
人がつながる中東料理
2019年3月27日発行 初版発行

著者	サラーム海上
プロデュース	齋藤哲也
発行者	大谷秀政
発行所	株式会社LD&K 〒150-0042 東京都渋谷区宇田川町18-4 LD&Kビル3F TEL 03-6861-7880 FAX 03-6861-7881 http://www.ldandk.com/
印刷・製本	シナノ書籍印刷

Printed in Japan ISBN 978-4-905312-47-5
落丁、乱丁本はお取り替えいたします。本書の無断転載（コピー）は著作権上での例外をのぞき禁止されています。